佛教正覺同修會 敬贈

喇嘛性世界

——揭開藏傳佛教譚崔瑜伽的面紗

The Sexual World of Lamas

——Unveiling the Truth about Tantric Yoga in Tibetan Buddhism

張善思、呂艾倫 編輯

ISBN 978-986-6431-18-0

本書介紹「喇嘛性世界」

這個世界中的喇嘛，號稱來自世外桃源的香格里拉，穿著或紅或黃的喇嘛長袍，散布於我們的身邊傳教灌頂，吸引了無數的人嚮往學習；這些喇嘛虔誠地爲大眾祈福，手中拿著寶杵（金剛）與寶鈴（蓮花），口中唸著咒語：「唵·嘛呢·叭咪·吽……」，咒語的意思是說：「我至誠歸命金剛杵上的寶珠伸向蓮花寶穴之中」！

「喇嘛性世界」是什麼樣的「世界」呢？

本書將爲您呈現這個世界的面貌。

當您發現眞相以後，您將會唸：
「噢！喇嘛·性·世界，譚崔性交嘛！」

目　　錄

附　　錄

編者的話

　　發源於中國西藏的「喇嘛教」，隨著第十四世達賴喇嘛的流亡海外，快速地流傳到西方世界；並被刻意包裝美化為「藏傳佛教」，它是在西藏弘傳的置入行銷佛教，宣稱屬於佛教的一支。但是仔細審視「藏傳佛教」所宣揚的全部教義以及最究竟的修行法門「無上瑜伽」，卻是不折不扣的世間男女閨房性愛技巧，和釋迦牟尼佛在佛教無論是大乘或小乘中所教導的「離欲」完全背離。從實質內容來看，「喇嘛教」自稱「藏傳佛教」，其實根本不是佛教，只是披著佛教外衣而弘傳男女性愛技巧的媚俗團體，全無佛教的本質。

　　「藏傳佛教（喇嘛教）」[1]的教義是以譚崔瑜伽（Tantric Yoga）、譚崔性交（Tantric Sex）的實踐作為核心。這些藏傳佛教的喇嘛們在中國境內（尤其是西藏地區），以及香港、台灣乃至世界各地，所傳教義的內涵，都是以男女雙身性交為宗旨。喇嘛修行的世界裡，離不開男女性交這回事，而且把性愛技巧及每天求得遍身大樂作為實踐的核心，故本書取名為《喇嘛性世界》；書名另外還有一個含意，就是這個「藏傳佛教」的內部，是以喇嘛為主所掌控的宗教團

---

1 這個名為「藏傳佛教」的宗教，其實應該名為「喇嘛教」，才符合它的實質。但是本書為了行文方便，因此隨俗而說其為「藏傳佛教」。

體，它是趨於「喇嘛」、「性統治」的封閉世界，完全以「喇嘛、性交」爲中心，故又名爲《喇嘛性世界》。爲使本書具有可讀性及可靠性，編者節錄世界各地訊息及報導，翻譯成爲中文並加以彙整，以透視喇嘛教內部世界與外在世界的觀點，希望經由這兩個層面來揭開喇嘛教的眞實面貌。

一、前言

　　一般我們所知道的喇嘛，是藏傳佛教（喇嘛教）中的主要核心人物，屬於統治階級，他們有著宗教上與政治上的統治權力。在藏傳佛教中喇嘛是「上師、上人」[2]的意思，藏傳佛教的信徒有時候叫他們的喇嘛為「仁波切」，「仁波切」在中文的意思就是「人中之寶」。這名號聽起來非常的響亮與尊貴，一般大眾常聽到而比較有名的就是達賴喇嘛，他是目前藏傳佛教的最高法王，所以我們書中也會舉出達賴喇嘛及其他有名望的喇嘛們的說法來作對照。

　　藏傳佛教原名喇嘛教，乃是完全不同於佛教的一個宗教，是表面類似佛教的一個修行團體，讓很多人誤以為是佛教的一支；因為一些以訛傳訛的說法，大家也就習慣性的稱他們為「藏傳佛教」。事實上喇嘛教（藏傳佛教）根本就不是佛教，喇嘛教（藏傳佛教）它修行的內涵是什麼？這是我們應該探討的問題。

　　喇嘛教發源於印度教的性力派，是崇尚「男女兩性生殖崇拜」的一種修行團體；這個印度教性力派竊取佛教的

---

2 清朝乾隆晚年有〈喇嘛說〉一文，其考定「喇嘛」意思之由來，乾隆說：【喇嘛之字，漢書不載，元、明史中或訛書為剌馬。予細思其義，蓋西番語謂上曰喇，謂無曰嘛，喇嘛者謂無上，即漢語稱僧為上人之意耳。】這個說法，乃是目前發現最早對喇嘛一詞漢文解釋。

名相且換上完全不同的含意，並結合西藏本土苯教的鬼神特色，用來詮釋喇嘛師徒之間的男女雜交技巧。這種故作神秘的穢行，在西元五、六世紀之後盛行於西藏；因此很多人就稱之爲西藏密宗，或藏傳佛教、西藏佛教，實則其原有的名稱「喇嘛教」才是符合它的實質[3]。因爲它是以喇嘛爲主要的核心人物，又藉著男女性交，以達到「無上瑜伽、大樂光明」的第四喜大樂境界[4]爲指標，所以喇嘛教（藏傳佛教）是以「喇嘛與性交」爲核心的宗教；這個宗教的最高修行目標，就是在男女性交時，以達到性高潮的長久維持爲最高成就，所以喇嘛教（藏傳佛教）是一個以「性交」爲導向及目的之宗教。

事實上，喇嘛教（藏傳佛教）是一個擷取多種宗教片段內容的結合體，因此有記者在訪問相關學者時，也點出這個事實。例如 2010 年 12 月 15 日《自由時報》：

精研佛教歷史的前台大哲學系教授楊惠南說，早期

---

3 雖然稱呼「喇嘛教」比較符合實質，但是本書行文之中，爲求方便說明，亦隨俗稱其爲「藏傳佛教」。

4 達賴在他的英文著作《Deity Yoga: In Action and Performance Tantra》中有這樣說：【三個較低階的密續確實使用在冥想和智慧女（明妃）（編案：就是性伴侶）之間的注視、微笑、牽手或擁抱而升起的大樂。】 英文原文： "The three lower tantras do involve using in the path the bliss that arises upon looking at, smiling at.and holding hands or embracing a meditated Knowledge Woman [consort];" （The XIV Daili Lama, 'Deity Yoga: In Action and Performance Tantra', Snow Lion Publications, NY, 1981, p.211）

瑜伽修行法在印度確是一種宗教行為，目前有部分
藏傳佛教支派吸納了印度教的做法，將所謂**性交**修
行也納入，這與釋迦佛所強調的傳統佛教精義確有
極大出入。

同樣的結論，在〈實地訪問不丹佛母：朱巴‧基米雅〉
這篇文章中，作者訪問不丹的基米雅佛母[5]曾說：

> 印度密宗是印度佛教吸收了印度教濕婆神理義的產
> 物，高原密宗是印度密宗吸收了高原本土文化苯教
> 教義的產物，所以**藏傳佛教是印度佛教（顯宗）、印**
> **度教生殖派（性力派）和苯教文化的三結合。**[6]

〈實地訪問不丹佛母：朱巴‧基米雅〉這篇文章中的
不丹佛母也說出了藏傳佛教乃是一個各類宗教的組合，但
是它真正的核心修行是什麼呢？我們看達賴喇嘛—歷代喇
嘛教（藏傳佛教）最高法王—怎麼說，十四世達賴喇嘛在他
的書中說：

> 具有堅定慈悲及智慧的修行者，可以在修行之道上
> 運用**性交**，以**性交**做為強大**意識**專注的方法，然後
> 顯現出本有的澄明心。目的是要實證及延長心的更
> 深刻層面，然後用此力量加強對空性的了悟。[7]

---

5 佛母也叫明妃，在藏傳佛教（喇嘛教）中所謂的明妃，就是與上師
　合修雙身法的女性，不是真正的佛母。

6 古子文， http://www.a202.idv.tw/a202-big5/Book6002/Book6002-0-18.htm

7 達賴喇嘛著，丁乃竺譯，《達賴生死書》，天下雜誌股份有限公司，
　2004 年 12 月 20 日第一版第十二次印行，頁 157。

　　從上面所引達賴喇嘛的說法，我們就能很清楚地知道，在喇嘛教（藏傳佛教）的修行中，最後必須要以「運用性交」的方法，才能達到他們修行的目的——性高潮時的**強大意識專注**。因此「性交」的方法乃是喇嘛教（藏傳佛教）最後必經的過程，所以男女和合性交的雙身法就是藏傳佛教的核心修法；所證的境界則是意識的境界，與佛教三乘菩提的實證完全無關，更與三乘菩提的實證背道而馳。

二、從世界看喇嘛譚崔

　　喇嘛教（藏傳佛教）的喇嘛們必修譚崔(Tantra)——無上瑜伽性交雙身法，這件事情在歐美國家是很多人都知道的；但是在台灣及其他華人聚集的地區，因為文化傳統的差異，以及傳統重視道德的善良風俗下，有很多人仍不知道喇嘛教的核心法要。因為文化差異的不同，所以譚崔性交在華人地區被大眾認為是污穢下流的；因此喇嘛教（藏傳佛教）的喇嘛、仁波切等，在華人地區（如台灣等）就沒有那麼公開的在傳授譚崔性交(Tantric sex)，在華人地區的喇嘛，大多是私下勤修譚崔性交(Tantric sex)而不敢公開承認；乃至很多修學喇嘛教（藏傳佛教）的初機信眾，都不知道藏傳佛教本身乃是以師徒性交享樂作為修行本質。本書節錄世界各國喇嘛的行蹤與事蹟，揭開喇嘛世界的本質——「師徒性交」。其中引用了許多外國文章及華文資料，來介紹喇嘛教（藏傳佛教）的本質就是以「譚崔[8]性交、譚崔瑜伽(Tantra Yoga)」為主。雖然華人地區的信眾普遍不明白這個事實，但是在歐美地區，「喇嘛教（藏傳佛教）的內容最終就是實行譚崔性交」卻是很公開的事實；由於歐美對性的開放，因此喇嘛們對歐美人士就採取較無遮掩的傳授，乃至許多外國的演藝人員也熱衷在修喇嘛教（藏傳佛教）的譚崔性交。

---

8 譚崔乃是現代中譯法，舊的中譯為「坦特羅」，英文皆是「Tantra」。

我們從美國三大新聞電視台之一的 ABC News 報導了一則
有關譚崔性交的新聞來瞭解這個事實，由這一則新聞可一
窺喇嘛教（藏傳佛教）譚崔性交（瑜伽）在美國演藝界所呈現
的面貌[9]：

演藝圈明星帶動譚崔性交的狂熱和炒作[10]

包括藝人 Diddy、Sting、Heather Graham 在內的許多名
人，都自誇曾經嘗試過譚崔性交。

作者 Susan Donaldson James
2009 年 6 月 23 日

在教導初學者譚崔性交的 YouTube 錄影帶裡，一對衣
著完整的男女示範著譚崔性交的坐姿[11]。

9　編者案：本書所擷取之資料來源甚多，許多為外文資料，舉凡英文、
　　法文、德文、西班牙文皆有，為求行文方便而使得讀者容易瞭解
　　內涵，讓閱讀連貫而無間斷，故行文以中文語譯為主，各國原文
　　若簡短者則呈現於當頁註腳中；若文字較多而需要篇幅者，則以
　　附錄方式呈現於書末。希望以此方式呈現，讓讀者明瞭藏傳佛教
　　譚崔性交的真實面貌。編者亦於譯文中以註腳方式說明舉證其中
　　相關內容。

10　原文乃是英文資料，詳情請參考附錄一，資料來源：
　　http://abcnews.go.com/Entertainment/story?id=7901098&tqkw=&tqsh
　　ow=&page=1

11　其實這樣的譚崔性交的聚會，在台灣地區也發生過，例如 2006 年
　　06 月 13 日〈蘋果日報〉頭條〈踢爆 20 男女集體交合——激情瑜
　　伽侵台 學者痛批淫亂〉其中描述譚崔性交瑜伽術的內容：【淫亂
　　團體入侵台灣。台灣藝術大學雕塑系副教授簡上淇，本月初

女生坐在男生的腿上，深深地直視他的雙眼，雙方將他們的呼吸調爲一致，斷續地進行著起伏動作，速度很慢，這個技巧叫作「隨順波浪」[12]。

這個古老的印度教修行法門被封爲「喜樂之門」[13]。追隨者包括搖滾樂歌手史丁(Sting)和他的妻子Trudy、女演員 Heather Graham、製作人 Sean "Diddy" Combs。

昨天刺激的是 G 點[14]，今天換成脈輪—譚崔**性交**提倡者所認定的體內七個感官神經中心。

舉辦兩場講座，公然鼓吹修練古印度的「譚崔」（Tantra）瑜伽術，以提高個人性能力，從而提升延續性高潮。據《蘋果》踢爆，參加譚崔的男女學員，在互不認識的情況下，被安排配對進行集體**性交**，淫亂程度挑戰我國的善良風俗、更可能衝擊婚姻家庭，甚至引發性濫交感染性病、愛滋病等問題。】資料來源：

http://tw.nextmedia.com/applenews/article/art_id/2675950/IssueID/20060613

12 引自〈蘋果日報〉2006 年 06 月 13 日當天報導：【簡上淇解釋日月交抱，男生的金剛杵（陰莖）必須放在女生的蓮花（陰戶）內。兩學員做完後都被要求「重新尋找新伴侶配對」。學員還必須練習「火呼吸」，就是一種由鼻子發出「哼」聲的呼氣。】

13 這是古天竺性力派的修行方法，如達賴喇嘛在書中說：【明妃金剛界自在母，和金剛持一樣，雙手持金剛杵鈴，環抱住金剛持。雙尊都配戴瓔珞摩尼寶飾，**並沉溺於大樂狂喜之中**。】（達賴喇嘛，《喜樂與空無》，唵阿吽出版社，87 年 1 版 1 刷，頁 135。）

14 一般認爲性行爲能夠使得女性達到性高潮的地方。

　　在傳統的**性交**行為當中，男女雙方最常靠著用力推
的力量讓自己達到高潮；而在譚崔**性交**當中，男女
雙方會延長**性交**的時間，以便儲存更多的性能量來
達到更強烈的高潮，或好幾次高潮。[15]

　　初學者通常花上幾個禮拜的時間練習做親熱的動
作——只說情愛話和輕輕地撫摸對方[16]，並沒有實
際的**性交**行為[17]。

---

15 達賴喇嘛說：【而最強的感受是在**性高潮**的時候，這是**大樂的
修習**之所以包括在最高瑜伽密續中的原因之一。……　**性高
潮時因為明光出現的經驗較持久，因此你較有機會加以利
用。**】（杰瑞米·海華、法蘭西斯可·瓦瑞拉編著；靳文穎譯，《揭
開心智的奧秘》，眾生文化出版有限公司，1996 年 6 月 30 日初版，
頁 147-148。）

16 第十四世達賴喇嘛在《藏傳佛教世界》有提到相關的說法：【只有
無上瑜伽能完全展示密續的深廣與獨特，因此我們應該視其
他三部為邁向無上瑜伽的進階。……雖然四部密續都是利用
慾望來導引行者入道，但使用的欲望層次卻不相同。在第一
部的「事續」中，入道的欲念僅僅是對具有吸引力的異性凝
視而已，其他三部—行部、瑜伽部和無上瑜伽部—的入道意
念則分別是**對此異性微笑，進而想牽手、觸摸，乃至最後想
望性的結合。**】（第十四世達賴喇嘛著，陳琴富譯，《藏傳佛教世
界》，立緒文化事業有限公司，93 年 10 月初版八刷，頁 100。）

17 1938 年冬天，有一名藏傳佛教名為更敦群培（Gedün Chöpel,
1905-1951）的喇嘛，寫了一本書名為《西藏慾經》，書中以大量的
篇幅來介紹男女的性愛。（中文版譯自 Jeffery Hopkins 的英譯本
Tibetan Arts of Love），英譯者 Jeffrey Hopkins 的說法，認為《西藏
慾經》主要取材自著名的印度經典《愛經》（Kama Sutra）。根據《西
藏慾經》內容簡介：【他的書清晰的呈現了六十四種情慾藝術
的細節，分成八類的性愛遊戲——擁抱、親吻、捏與抓、咬、

根據《初學者譚崔性交簡易修習法》作者 Judy
Kuriansky 的說法，譚崔性交越來越普遍，而名人的
加入也「提升了它的知名度。」

呼吸的方法就像在打坐，男女雙方可以透過這個（譚
崔性交的）方法從自己的身體傳送能量給彼此⋯⋯
Judy Kuriansky 說：「這完全是真的！我有些病人，
之前有性方面和男女關係的問題，上了一兩堂呼吸
和凝視對方眼睛的課程，跟對方說：『我在你身邊，
我愛你』後，現在跑來跟我說：『我的天啊！我感覺
煥然一新。』」⋯⋯

Sean "Diddy" Combs，39 歲，宣稱他透過譚崔性交
獲得了極大和持久的力量。

在談到他和女友 Kim Porte（Kim Porte 是他的一對四歲雙
胞胎女兒的母親）到巴黎渡假時，這位饒舌歌歌手告訴
倫敦 Mirror 報社：「我們一下飛機就直接去艾菲爾
鐵塔，在上面喝了香檳酒，然後就一直接吻。」

「之後我們去了我的套房，進行了至少三十個小時
的譚崔性交，還點了奶油草莓來吃。」他說：「我
工作時很仔細，做愛時更仔細。」⋯⋯

來回移動與抽送、春情之聲、角色轉換、交歡的姿勢。其形
而上的焦點是：性喜樂是通往根本自性的一道心靈經驗之
門。】（更敦群培著，陳琴富中譯，《西藏慾經》〈中文版序〉，大
辣出版，2003 年 12 月，出版 10 刷，頁 6。）
另外根據藏傳佛教的始祖蓮花生，對於雙身法有六十四式性交前
的輔助動作及要點。詳見附錄十。

譚崔**性交**源於印度，已經流傳超過六千年了[18]。在梵語裡，「譚崔」這個字指的是「擴展或編織的工具」。

有些人認爲譚崔**性交**幫助人們重新找回了**性交**的親密關係。[19]

有一個網站形容它是個「通達神聖的途徑」，但除此之外，它也是個昂貴的修道法門，兩天的研習營要價可能超過 950 美金……

　　由這一篇美國 ABC 新聞網報導的資料，我們可以印證達賴喇嘛書中的說法；也就是說，喇嘛教（藏傳佛教）所推行的譚崔瑜伽，乃是以男女性交爲主要的關鍵修行重點。由於這樣的核心宗旨，因此吸引許多歐美熱愛性交的人士參與，演藝界乃是一個指標性的族群；而譚崔瑜伽在歐美之所以流行，其中所吸引他們的內容之一就是性交本身。雖然這些教授譚崔性交的人索價不便宜，但是西方人士幻想透過譚崔性交（譚崔瑜伽）的練習，使得他們在男女性交時，能夠「獲得極大和持久的力量」。因此參與練習的人很多，

---

18 這個娑婆世界的佛教，乃是兩千多年前釋迦牟尼佛來降生人間以後，才有眞正的佛教流傳給後世，但是在釋迦牟尼佛傳下佛法之前就有的譚崔性力派修行方法，被藏傳佛教奉爲最究竟的追求標的，顯然藏傳佛教的譚崔瑜伽不是佛法的內容，因爲那個時候還沒有佛法流傳。

19 譚崔瑜伽（譚崔性交）的本質，其實就是世間淫樂的技術而已。它與佛法沒有關係，但是大家卻以爲是佛教的內容。

最後也引發很多性侵事件，乃至性病的流傳事件[20]。然而藏傳佛教的譚崔無上瑜伽，真實能夠獲得性交上持久的力量嗎？卻只見到少數人宣傳；譚崔性交真正的功效是否如此？卻有待查證。不過喇嘛教（藏傳佛教）的譚崔性交以這樣的宣傳與推廣，使得美國演藝界人士造成對譚崔性交的狂熱和炒作，卻是不爭的事實。由於美國演藝界人士對譚崔性交的熱衷，喇嘛們又以此來促銷自己，這門生意的利潤就可想而知了。

我們由這則新聞所報導的事實，發現到一個很有趣的問題，也就是說達賴喇嘛書中所說，修譚崔性交雙身法應具備的資格，達賴書中說必須「**具有堅定慈悲及智慧的修行者，可以在修行之道上運用性交**」，此點顯然與事實不符，這讓讀者生起一個疑竇：「**達賴所說必須要有這個的條件顯然是虛晃一招**」。而且我們還要思考的是：「**這樣的譚崔性交與佛教的修行有什麼關係？喇嘛教**（藏傳佛教）**的喇嘛們主推這樣的譚崔性交，實際上真的符合佛教修行的內容嗎？**」在探求這個問題之前，我們除了看到美國演藝界之外，是否還有其他線索可以探尋喇嘛教的真相？我們再把場景轉到法國，看一看下面這一篇法文的報導。

2010 年 9 月在法國西部的 La Rochelle 城市，曾舉辦三個梯次的譚崔研習營；其中研習營 1 和研習營 2 的內容

---

20 歐美地區喇嘛因勤修雙身法而得到愛滋病死亡的事實，詳見本書後續報導。

稍有不同，但都是以譚崔性交研習為主，而參與的消費者可以自由選擇報名哪一個性交研習營。主辦單位希望消費者透過研習營達到以下的目的：「與另一半分享真愛，擁有既深又持久的愛情關係，獲得健康快樂的性生活。」由上面的目的說明，可以知道這個譚崔性交在法國的研習營乃是透過男女性交的研習方式達到男女愛情、性生活持久之目標。在「譚崔研習營 1 和研習營 2」[21]這個網頁裡，有一篇說明譚崔性交與喇嘛教（藏傳佛教）淵源的文章，此文章是由一個實修譚崔性交（譚崔瑜伽）的藏傳佛教喇嘛—Shamar 仁波切—撰文，他也是藏傳佛教的重要傳承者。文章中介紹 Shamar 仁波切自己與其他有名的喇嘛當初學譚崔性交的過程，以及譚崔性交在喇嘛教（藏傳佛教）裡所扮演的角色，還有譚崔性交如何在西方世界推展的情形。我們來看其中的內容怎麼說？

譚崔法門在西藏佛教裡所扮演的角色[22]

作者 Shamar 仁波切

針對他人提出的一些問題，Shamar 仁波切（藏傳佛教界的偉大人物，西藏人，曾在第十六世噶瑪巴過世後、第十七世噶瑪巴就任前擔任紅教的傳承人……請詳見網站

---

21 資料來源：http://stagestantra17.e-monsite.com/
22 原文為法文資料，詳見附錄二。資料來源：
　　http://stagestantra17.e-monsite.com/rubrique,le-tantra-dans-le-bouddhisme,1098957.html

www.shamarpa.com）他（Shamar 仁波切）做出了以下的答覆：

Ole 喇嘛[23]在六〇年代末，曾經攜帶著他的太太Hannah 來到位於印度錫金的 Rumtek 道場，主要是為了見第十六世大寶法王噶瑪巴，並跟法王一起讀書。當時我是一位年僅 17 或 18 歲的少年，連一句英語都不懂。那個時候我自己也是一名（譯案：譚崔性交的）學生……。

每次 Ole 喇嘛來訪時，他總會告訴我，他從卡盧(Kalu)仁波切[24]和天噶(Tenga)仁波切那裡學來的有關譚崔**性交**的一切內容實在太美妙了；他說只能用美妙來形容。雖然當時我聽不懂英語，而他還不太會說西藏語，不過我聽得懂一些字像："dewa chenpo"（「大喜樂」）[25]以及"yabyum"（「男人/女人」）；這些字都是用來形容正在交合中的本尊[26]以及用來代表交

---

23 Ole 喇嘛乃是西方世界中有名的藏傳佛教喇嘛，本書亦節錄一些有關 Ole 喇嘛的報導，請讀者繼續閱讀即知。

24 卡盧(Kalu)仁波切乃是藏傳佛教重要的人物，本書亦節錄有關卡盧(Kalu)仁波切相關的性侵內容，請讀者繼續閱讀即知。

25 藏傳佛教譚崔性交就是要透過性交的喜樂說為修行，如達賴喇嘛說：【臍處的明點和性器官頂端的明點具有射出的力量，經由淨化，樂可以轉為**不變之大樂**，無漏（註：明點精液的不外洩）同時可用在修行道上。】（達賴喇嘛著，丁乃竺譯，《達賴生死書》，天下雜誌股份有限公司，2004 年 12 月 20 日第一版第十二次印行，頁 149。）

26 藏傳佛教都把能夠行雙身法的上師、羅剎、夜叉、鬼神稱為「本尊、

合法門時用的。Ole 喇嘛講出這些字時，雙手會在胸前交叉，以顯示男女交合的姿勢。他隨後一邊講一邊抱住 Hannah 在懷裡。就這樣，他把譚崔行爲融入了他的嬉皮生活模式。……

的確，Ole 喇嘛對譚崔**性交**的迷戀並不是個特例。大部分對佛教（譯案：藏傳佛教）感興趣的嬉皮們，都眞的很喜歡譚崔**性交**。Ole 喇嘛跟他們並沒有不同，只不過他比一般人敢講罷了[27]。紅教的喇嘛們都會盡量把男女交合的法門全部傳授給嬉皮們；當然喇嘛們所教的是根據古老譚崔的傳統，而西方的嬉皮們也了解這個法門能讓他們自己的慾望以及**性交**習慣，轉化成涵義比較深的性行爲。

1980 年我去了一趟美國，那是我第一次到西方的國家。當時我總算瞭解金剛乘（譯案：藏傳佛教）在西方國家是很普遍的。我的結論是邱陽・創巴(Chogyam

---

佛、菩薩、活佛……等」名字。

27 因爲譚崔性交就是要與性伴侶來實修，如達賴喇嘛說：【根本心的修行方式是根據：〈一〉新譯派所講的「密集金剛密續」；〈二〉時輪空相法等等；〈三〉寧瑪派的大圓滿法。根據新譯派，修秘密眞言到某種程度時，修者修特殊法，**如利用性伴侶**、打獵等等。雖然**利用性伴侶**之目的，不難被說成是爲了用慾於道及引出較細的證空之識，……只有在這種崇高境界中，才能以悲心將瞋怒用於修道。是故，新譯派的此一修法之基，與大圓滿之基相同。】（第十四世達賴喇嘛講述，《迎向和平》，慧炬出版社出版，達賴喇嘛西藏基金會印贈〈免費結緣〉， 2002/7 初版第二刷，頁 93-94。）

Trungpa)仁波切和卡盧(Kalu)仁波切是前幾位把譚崔**交合**的法門引進到西方的喇嘛。我認爲邱陽‧創巴(Chogyam Trungpa)仁波切對西方人的哲理如下：**西方人的性慾很強，因此生活在性慾的世界裡，於是他斷定了譚崔性交是個適合他們的法門。**卡盧(Kalu)仁波切把交合法門傳授給西方人，並告訴他們，**這是西藏的傳統，他在西藏時也是以相同的方式傳授給信徒。**此外，卡盧(Kalu)仁波切受過很高等的譚崔教育，這兩位偉大的人物在西方很努力的推動譚崔。

由於他們的努力，譚崔法門在美國、加拿大以及歐洲都已經變得很有知名度。

由這位 Shamar 仁波切所說的內容知道，喇嘛教（藏傳佛教）的雙身法，也就是「譚崔 Tantra」，其實是男女性交的一種方法。從卡盧(Kalu)仁波切明白告訴歐美人士說：「**這是西藏的傳統，他在西藏時也是以相同的方式傳授給信徒。**」我們可以知道藏傳佛教在西藏就是以此爲主要修行的內容。我們從目前喇嘛教（藏傳佛教）最高法王—十四世達賴喇嘛—的說法，來瞭解西藏的傳統對於這個譚崔性交有什麼看法，讀者就瞭解 Ole 喇嘛所說的「dewa chenpo（大喜樂）」有什麼意涵呢？我們看喇嘛教（藏傳佛教）最高法王—達賴喇嘛—是這樣說：【各種無上瑜伽密續的方法都是要經由各種不同的技巧去顯現明光心，也叫作本俱的基礎明光心，這些技巧其中之一就是使用性高潮的大樂(但是沒有射精)來去除較粗層次的意識，經由這樣的

方法就可以顯現最微細層次的心。】[28]由此可以知道達賴喇嘛所弘揚的藏傳「佛教」，其本質就是要與女信徒性交，從 Shamar 仁波切於文中說：【我認爲邱陽・創巴(Chogyam Trungpa)仁波切對西方人的哲理如下：**西方人的性慾很強，因此生活在性欲的世界裡，於是他斷定了譚崔性交是個適合他們的法門。**】已經很露骨的說出喇嘛教（藏傳佛教）的譚崔瑜伽就是以性交爲目的，因此對於性慾很強、喜樂性交生活的西方人來說，正是投其所好；至於修行的說法跟正統佛教顯然不同，這是一個很明顯的指標。

然而，西藏自古就是中國的一部分，因此對於喇嘛教（藏傳佛教）探源，必須要瞭解過去及今時的藏傳佛教修行內涵。我們從各國網站中，發現有幾位旅居中國的知名歐美作家，因爲深入中國西藏以後，實際瞭解查訪而確認一些事實。因此這些歐美作家在文章中撰寫有關中國文化、歷史、文學以及旅遊資訊供西方人閱讀時，對於藏傳佛教的介紹說明，其中就有提到「藏傳佛教」的本質即是大自

---

28 達賴喇嘛英文書中原文是這樣說："The various systems of **Highest Yoga Tantra** seek to manifest the mind of clear light, also called the fundamental innate mind of clear light, by way of different techniques. One of these techniques is to use **blissful orgasm (but without emission)** to withdraw the grosser levels of consciousness, thereby manifesting the most subtle level of mind." (The XIV Dalai Lama, 'Kalachakra Tantra: Rite of Initiation', Wisdom Publications, Boston, 1999, P35)

然和譚崔性交，也就是男女性行為的「雙身法」，他們稱之為「無上瑜伽、大樂光明、大圓滿」，亦即喇嘛上師（男）與明妃弟子（女）一起性交合修追求長時間性樂的方法。

我們由下面這一篇報導來瞭解藏傳佛教的底細，在〈Tibetan Buddhism, Kama Sutra, and Tantric Sex 藏傳佛教、印度慾經和譚崔性交〉這篇文章中，作者也提到「藏傳佛教」真正的本質就是要性交，我們看作者怎麼說：

藏傳佛教、印度慾經和譚崔性交[29]

譚崔源自於吠陀/印度教，當時在北印度最為普遍，不過後來與南印度當地的宗教，如卡莉(Kali)女神的崇拜等宗教，融為一體。

譚崔其中一個奇特的分支傳入了西藏的混合性宗教裡；該混合性宗教有時被稱為藏傳佛教，又名西藏喇嘛教。……

……有大幅的佛教（譯案：指藏傳佛教）唐卡（宗教繪畫），顯示一百零八尊菩薩……而每一尊菩薩的大腿上都抱著一位裸體的女人——也就是他的女神配偶，正與他進行性交[30]。……

---

29 原文為英文資料，詳見附錄四。資料來源：
http://www.chinaexpat.com/2007/03/26/tibetan-buddhism-kama-sutra-and-tantric-sex.html/
30 藏傳佛教雙身像都是男女交合的圖騰，讀者請參考本書附錄十二

更確切地說，西藏佛教徒所信仰的宗教，是有著佛教的表相，但內涵卻是他們原本以**大自然**和**性交爲本質的宗教**[31]。他們找到了辦法，使得正統佛教所尋求的「空」、「無欲」能與他們早期流傳下來崇拜**性交**的宗教相互融合[32]。在以前（指的當然是中國共產黨入侵前）的西藏，西藏佛教道場會錄取十七歲左右的少男，讓他們與女性教師受足足兩年的譚崔**性交**訓練（女性教師通常三十幾或四十幾歲，座下同時有好幾名少男——因此能獲得**性交**訓練是幸運的）。兩年後會逐漸讓他們由肉體**性交**轉向心靈**性交**，讓他們能夠透過觀想打坐同樣也能達到**性交**與心靈的樂受。[33]……

如今，譚崔**性交**的實修以及信徒隨後逐漸取代肉體**性交**的心靈高潮—涅槃—仍然存在，而且譚崔**性交**

A，喇嘛譚崔性交雙身像之圖案即知。

31 作者明白點出藏傳佛教就是以「性交」爲本質的宗教。

32 其實這是藏傳佛教（喇嘛教）的說法，事實上與傳統佛教的講法完全違背，只是使用同樣的名相罷了。

33 其實用觀想的方式並非喇嘛們的正式修行方法，實質性交才是他們達到目的之方法，如達賴喇嘛於書中說：【依據密續的解釋，樂的經驗得自三種狀況：**一是射精，二是精液在脈中移動，三是永恆不變的樂。密續修行利用後二種樂來證悟空性。因爲利用樂來證悟空性的方法非常重要，所以我們發現無上瑜伽續觀想的佛都是與明妃交合。**】（達賴喇嘛文集（3）——達賴喇嘛著，鄭振煌譯，《西藏佛教的修行道》，慧炬出版社，90 年 3 月初版一刷，頁 85。）

在西方社會有很多的信徒粉絲，包括史丁與理察吉爾等等，以及在偏遠西藏寺院裡的少數僧人仍然小心隱密地在修**性交**雙身法[34]。

　　作者提到「兩年後會逐漸讓他們由肉體性交轉向心靈性交」，這也不盡然，因爲眞槍實彈的性交才是喇嘛教（藏傳佛教）的核心目的，也就是喇嘛修行的實質內涵。所以必須要有眞正的性伴侶、性對象，才能讓上師喇嘛達到性交修行的目的，這在藏傳佛教的密續當中有甚多這樣的記載。我們看喇嘛教（藏傳佛教）中的上師們是怎麼說？我們從現代藏傳佛教大修行人陳健民上師的書中，可以發現非常露骨且明確的說法，陳健民說：

你不單只用**觀想**，而且用**實體的**，用**眞正的女人**，那麼就是第三灌。爲什麼要用**眞正的女人**而不只是觀想一個呢？因爲觀想的他的物質條件（編案：物質條件是指射出的精液與兩性器官的交合）就不夠了。用**實體的**（編案：眞人明妃），那物質條件就很夠，他就等於有這個資本了，有這個被昇華的資本，有這個本錢。有這個本錢，然後才能眞正的修，才眞正有智慧。譬如你觀想個女的，你甚至觀來觀去，你**雞巴都硬不起來**。你要有個眞正的女人，它就硬起來，

---

34 事實上整個藏傳佛教的寺院都是在修這個法，因爲上師與明妃合修雙身性交，是不容於重視倫理的華人社會，因此喇嘛上師們特別交待要隱密、秘密來修這個雙身法。例如達賴喇嘛在書上說：【修習密教必須隱秘】（達賴·喇嘛十四世著/黃啓霖譯，《圓滿之愛》，時報文化出版企業有限公司，80 年 9 月 1 日初版一刷，頁 149。）

他就搞起來，它就發生眞正的作用（編案：能夠眞正實行性交而射出精液作爲密灌甘露之作用）。[35]

然而這樣明白的說法只有陳健民這樣說嗎？其實不然，我們看達賴喇嘛也是這麼說，達賴喇嘛在他的書中是這麼說：

> 秘密集會檀陀羅裡，有關與明妃和合的章節中，說若**與實體明妃行樂空雙運，才會成就眞正的身曼茶羅修行**，如果僅與觀想中的明妃行樂空雙運，則其成就不大。[36]

這種以性交行爲當作修行的內涵，是只有現代如此嗎？其實在古時候喇嘛教（藏傳佛教）就已經是如此了，乃至規定的更爲誇張。我們看藏傳佛教古時候的祖師，號稱「至尊」的宗喀巴，他於《密宗道次第廣論》卷 13 的說法：

> 先供物請白者，以慢帳等隔成屏處，弟子勝解師爲金剛薩埵，以具足三昧耶之智慧母，生處無壞，**年滿十二等之童女，奉獻師長**。如《大印空點》第二云：「賢首纖長目，容貌妙莊嚴，**十二或十六，難得可二十，廿上爲餘印**，令悉地遠離，姊妹或自女，或妻奉師長。」[37]

---

35 陳健民著，徐芹庭編《曲肱齋全集》（一），普賢錄音有聲出版社，80 年 7 月 10 日出版，頁 238。

36 達賴喇嘛著，《喜樂與空無》，唵阿吽出版社，87 年 1 版 1 刷，頁 137-138。

37 宗喀巴著，法尊法師譯，《密宗道次第廣論》，妙吉祥出版社，1986

　　從這一段宗喀巴著作中的說法，我們可以知道他強調喇嘛是必須與實體女人性交共修雙身法的無上瑜伽，不該用觀想的女人；而且還不是只有一個女人，得要同時用好幾個女人，這樣實行多位男女雜交而完成譚崔性交以後，就可以取得名為紅白菩提心的東西，作為密灌的甘露；其實此「紅白菩提心」就是喇嘛在男女雙方都達到性高潮時，所排泄於女性陰戶中的淫液混和物。上師就是以之作為秘密灌頂之用途，受密灌的密宗弟子還得在舌頭上品嚐一番之後吞下去。我們看宗喀巴於《密宗道次第廣論》中是這樣說：

> 為講經等所傳後密灌頂，謂由師長與自十二至二十歲九明等至[38]，俱種[39]金剛[40]注弟子口[41]，依彼灌頂。如是第三灌頂前者，與一明[42]合受妙歡喜。後

年6月初版，頁376。

38 編案：也就是必須由師長喇嘛活佛與九位性伴侶明妃——從十二歲至二十歲各種不同年齡一名，一一與上師喇嘛譚崔性交，而同時進入第四喜的性高潮之中，這樣觀樂空不二，而後上師喇嘛再一一射精於這些女性明妃的下體之中，然後收集使用之。

39 這樣具備九明之紅白菩提—上師與明妃混合後之淫液—俱有男女雙方之種子。

40 藏傳佛教密宗說這個男女淫液的混和液為金剛菩提心，是盜用佛法名相使用罷了。

41 當藏傳佛教喇嘛的弟子居然要吞下這個噁心巴啦的淫液，真是不可思議。

42 弟子要與那九個跟上師性交過後的其中一明妃繼續性交。

者隨與九明等至[43]，即由彼彼所生妙喜[44]。……[45]

所以，喇嘛教（藏傳佛教）從一開始就是以性交爲核心要點，而且要一男與九女雜交，乃至師徒二男與九女輪座雜交，這樣的喇嘛上師簡直就是拍色情片的達人。

在喇嘛們心中，從古到今都是認爲：**性交是喇嘛上師可以憑空獲得的最好禮物！**不僅古今中國地區如此，現代歐美地區也是一樣，我們看西班牙第二大報紙 *El Mundo* 的「數位專訪(encuentros digitales)」一欄中，有一篇訪問 Ole 喇嘛的文章，名爲"Lama Ole Nydahl"[46]，專訪日期：2004年5月27日(27 de Mayo de 2004)，其中對 Ole 喇嘛的簡介如下：

> 他是少數被視爲西藏佛教主要宗派之一的噶瑪噶舉派喇嘛以及禪定上師的西方人。他在全世界已設立了超過 500 個佛教（譯案：藏傳佛教）中心，並且即將在西班牙貝萊斯馬拉加設立一個新的中心，叫 Karma Ghen……[47]

---

43 後者則是隨即與九位明妃同入性高潮中，這樣叫作九明等至。

44 即由喇嘛與九位明妃一一性交行淫，再各各射精之後而從九位明妃陰戶中取得喇嘛上師與九位明妃混合的淫液，集合起來名爲甘露而爲弟子灌頂。

45 宗喀巴著，法尊法師譯，《密宗道次第廣論》，妙吉祥出版社，1986年6月初版，頁 399–400。

46 http://www.elmundo.es/encuentros/invitados/2004/05/1107/

47 原文爲："Es uno de los pocos occidentales considerado Lama y maestro de meditación en la tradición Budista Karma Kagyu, una de

專訪中，記者對這位有名的 Ole 喇嘛提出了以下的問題：

記者問：「Ole喇嘛，(藏傳) 佛教如何看待**性交**？」[48]

Ole喇嘛回答：「**性交被視爲一個禮物**。」[49]

又從這個專訪的內容可以知道：對於喇嘛來說，性交與性器官乃是他們憑空可取得的最佳禮物，他們認爲女信徒與他們性交是理所當然的。因此也會於言語中對年輕美麗的女信徒，透露出渴望修性交雙身法的訊息。現代不僅歐美性開放的地區如此，連崇尚倫理道德的華人地區，喇嘛也是慢慢肆無忌憚的這樣私下表態。我們節錄一則 2010年 8 月，發生在亞洲的台灣的新聞。新聞內容如下：

女星遭偷拍怎辦？仁波切：用慈悲心看待

【聯合報／記者王景新／台北報導】

2010.08.26 01:58 pm

藏傳佛教大師夏鉑仁波切昨爲宣傳 11 月 21 日在台北的免費演講活動來台，全程英文開示，與陶晶瑩展開了名爲「愛的學習與修練」對話。

陶子犀利的女權問題，夏鉑仁波切以辛辣充滿禪意妙答，**尤其要陶子大方讓狗仔偷拍私處，「露出美麗**

---

establecido ya más de 500 centros budistas en el mundo y va a inaugurar un nuevo centro Karma Ghen en Vélez Málaga..."

48 原文爲："Lama Ole: ¿ Cómo vive el budismo el mundo del sexo?"

49 原文爲："El sexo se ve como un regalo, como un obsequiio."

的lotus（蓮花）⁵⁰！」陶子也招架不住，直呼：「蓮花還沒施肥保養，不敢入鏡啦！」

陶子問話犀利，見現場媒體大陣仗，問：「如果狗仔因為工作必須偷拍女藝人的底褲，該怎麼辦呢？」

夏鉑仁波切妙答：「要用慈悲心來看待，狗仔自己本身若拍到底褲照，就只是工作而已，不必過於沾沾自喜；遭偷拍的，也可以用慈悲心來看待，**露出lotus（蓮花）也很美啊**。⁵¹」嚇得陶子花容失色，全場爆笑。

針對目前鬧得沸沸揚揚的「補教人生」婚外情事件，夏鉑仁波切直言：「世間沒有永恆的關係。」他以毒

---

50 藏傳佛教喇嘛所謂的蓮花，就是女性的性器官陰戶。如學者書中說明：【隨著雙身修法的出現，加之這種修法只由師徒單傳，不做公開宣講，因此又產生一系列象徵性的、為修法時使用的秘密術語。如以「金剛」表陽具，以「蓮花」表陰戶，以「入三昧耶」表男女事，等等。雙身修法和大樂思想來自印度教的性力派。】李冀誠、顧綏康編著的《西藏佛教密宗藝術》，外文出版社（北京），1991 年第一版，頁 34。詳圖請參閱附錄十二 B·喇嘛生殖崇拜性圖騰。

51 在藏傳佛教喇嘛的眼中，女人的性器官（陰戶）就是他們修行的工具。我們看喇嘛怎麼說？【行者應如同本尊一般，把自己的**金剛（男根）**化為光明……（中略）……然後行者把**蓮華（明妃的庸常女根）**──化為光明，再由光明生起一中空的三瓣紅蓮。】更朗仁巴羅桑蔣貝丹增傳授，丹增卓津漢譯，《吉祥時輪六座上師瑜伽念修教授》，盤逸有限公司 2008 年 2 月出版，頁 207-208。

蠍比喻婚外情,「有人可以把毒蠍玩弄於股掌之間,有人卻會被咬,如果有足夠的自信能掌握得很好,那就要看個人的造化。」

　　難怪喇嘛就是要勾引女信眾合修雙身法,所以我們常常看到很多喇嘛性侵女信徒的事件發生,因爲他們從頭到尾都是要修譚崔性交。然後以冠冕堂皇的宗教術語來當理由告訴信眾,卻與佛法三乘菩提的修行全然無關,結果只是一場性交大賽罷了!我們再從達賴喇嘛另外一本書中的講法來證明這一點,達賴喇嘛說:

　　對於佛教徒來說,倘若修行者有著堅定的智慧和慈悲,則可以**運用性交**在修行的道上,因爲這可以引發意識的強大專注力,目的是爲了要彰顯與延長心更深刻的層面(稍早有關死亡過程時曾描述),爲的是要把力量用在強化空性領悟上。否則僅僅只是**性交**,與心靈修行完全無關。當一個人在動機和智慧上的修行已經達到很高的階段,那麼就算是兩性相交或一般所謂的**性交**,也不會減損這個人的純淨行爲。在修行道上已達到很高程度的瑜伽行者,**是完全有資格進行雙修**,而具有這樣能力的出家人是可以維持住他的戒律。[52]

　　由此可確定喇嘛教(藏傳佛教)其實就是以譚崔性交爲

---

[52] 達賴喇嘛著,丁乃竺譯,《修行的第一堂課》,先覺出版股份有限公司,2003 年 5 月初版 7 刷,頁 177-178。

核心，目的就是要修雙身法罷了。我們再看達賴喇嘛在面
對中國佛教訪問團的時候怎麼說？節錄自〈達賴喇嘛和中
國佛教訪問團之問答〉這篇報導：

> 同樣的，有時候貪心在特殊的情況下，可以轉爲菩
> 提道用，所以觀想本尊的時候，有時可以看到女相
> 的本尊。至於喝酒、吃肉以及男女的結交，這唯有
> 在無上瑜伽才有講到的，其他三部沒有。在無上瑜
> 伽中，有講到喝酒、吃肉的問題，而這是**與男女結**
> **交有關係的**。其中談到最主要的問題，就是男女的
> 結交問題，也就是**雙身的問題**。以瑜伽者來講，如
> 果他是男性，他所依的就是佛母，瑜伽者若是女性
> 的話，那她所依的就是佛父。也就是說佛父佛母是
> 互相依靠的。爲什麼呢？因爲**經由身軀的結交之**
> **後**，粗分的意識和氣流會慢慢的緩和下來，漸漸的
> 消失了！而爲了使達到最究竟的目的，所以他必須
> 產生大樂才有辦法，**爲了能永恆的保持這個大樂，**
> **所以他的精液絕對不能漏出，一滴都不能漏出**，他
> 有辦法運用這個精液！假使**他在行雙身法時，將精**
> **液射出來，那他必須要有辦法一滴不漏的收回** [53]，

---

53 此部分的說法乃是謊言，完全不符合佛法，早就被有智之士公開破
　　斥過了，達賴喇嘛所說射出後有辦法一滴不漏的收回仍是邪說。
　　詳細破斥內容，請參考平實導師著《狂密與眞密》第四輯，正智
　　出版社，頁1330-1332、1357-1358。或參考《達賴眞面目—玩盡天
　　下女人》，附錄三〈達賴雙身法舉證〉，正智出版社，頁173-177。

否則就是違背了梵行，就是犯了大罪。[54]

　　從這些書籍內容及報導，可以知道這是很明顯的事實——喇嘛教（藏傳佛教）喇嘛的意圖**就是要免費的性交**。但是這些喇嘛卻編造出很多很荒唐的理由，而讓很多人因為迷信而誤信，這樣的宗教對我們的社會產生什麼樣的影響呢？我們再看國外網站中，其他介紹有關藏傳佛教指導喇嘛及信徒、學員透過「性交能達到開悟」的文章，於中可以尋出一些端倪。從這一篇作者名為 Jeff Hays 的文章揭露藏傳佛教離不開性交的事實，並且引出一些該正視的社會問題。Jeff Hays 是出生在加州的美國人，目前在日本當英文老師及作家。他曾去過中國許多地方旅遊，並將自己所見所聞紀錄在網站裡。請看他的文章：

西藏的譚崔性交[55]

作者　Jeff Hays

藏傳佛教裡包含了譚崔儀式，儀式當中有奇怪的「性虔誠」形式。據說在某些儀式當中，出家人（譯案：喇嘛）會擁抱鬼神以及**男女交合的雕像**（譯案：實修雙

---

54 理成紀錄，〈達賴喇嘛和中國佛教訪問團之問答〉，達香寺法訊〈利生〉，中華民國八十七年元月刊（27 期），第二版。

55 原文為英文資料，詳見附錄三。資料來源：
http://factsanddetails.com/china.php?itemid=213&catid=6&subcatid=35#12

身法），然後在它們身上射精；有些西藏道場裡的色
情雕像會顯示女人跟牡牛進行性交……[56]

譚崔的修行者認爲，透過**性交**能達到開悟[57]。對有
技巧的出家人（譯案：喇嘛）而言，**性交**能產生「離
欲的內心喜樂」[58]。爲了達到此目標，出家人（譯案：

---

56 詳情請參閱附錄十二 C・喇嘛寺院雙身像揭密。

57 達賴喇嘛及譚崔性交大師奧修的書籍中，都有提到性交開悟的說
法。如達賴喇嘛說：【印度大師佛智所撰《文殊聖語》提到，
吾人的身體結構和四大，即使是在凡夫的層次，在睡覺、打
哈欠、昏厥和**性高潮的時候**，也會自然地經驗到明光的微細
層次。……在這四種狀態中，進一步發展的**最佳機會**是**性
交**。雖然我使用「性高潮」這個普通名詞，卻不是指一般的
性行爲，而是觀想與明妃交合的經驗，……。】（達賴喇嘛文
集（3）——達賴喇嘛著，鄭振煌譯，《西藏佛教的修行道》，慧
炬出版社，90 年 3 月初版一刷，頁 36。）
譚崔瑜伽大師奧修的說法也是與達賴喇嘛一致，奧修說：【一個達
到靜心的人能夠在一天二十四小時裡面持續地經驗著伴侶
只能**在性高潮當中**才能夠經驗的同樣的喜樂。這兩種喜樂的
經驗當中並沒有基本的差別。】（奧修著，《瞭解性、超越性—
從性到超意識》奧修心靈系列 59，奧修出版社，(奧修)頁 33。ISBN
書號 9578693648）

58 達賴喇嘛說：【在那四種情況中間，昏厥的效應很強，而**最
強的感受是在性高潮的時候**。這是**大樂的修習**（practice of
bliss）之所以包括在最高瑜伽密續中的原因之一。一般人對
於在無上瑜伽密續（Anuttara yoga tantra）中，關於性以及其他
的象喻存有諸多誤解。性的象喻真正的理由，完全是因爲
在四種明光出現的狀況當中，**性高潮時最爲強烈**。因此這
種象喻才用在靜坐中，以延長明光出現的經驗，或使之更

喇嘛）必須先在修行道場花上二十四年的學習時間
（譯案：來學習這個譚崔性交法）⁵⁹。

Judy Kuriansky 是一位美國的譚崔**性交**老師，她也是
「透過更好的**性交**能達到開悟」理念的推廣者。在
課堂裡，她教授如何達到多重全身性高潮⋯⋯。⁶⁰

**有一些傳言指出，有資深的西藏喇嘛對年輕男孩進行
了性侵害。**對此，達賴喇嘛的一位發言人告訴《國家
地理雜誌》：「可能有這樣的一些例子，不過一直
都不普遍。」⁶¹

清晰鮮明──目的就在於此。**在性高潮時**，因為明光出現
的經驗較持久，因此你較有機會加以利用。昏厥時，以及
那時與明光的關係，也是值得研究的方向。有一種訓練方
法說到，用壓迫某些動脈的方式，可以感受到明光。】（編
著：杰瑞米·海華、法蘭西斯可·瓦瑞拉編著：靳文穎譯，《揭
開心智的奧秘》，眾生文化出版有限公司，1996 年 6 月 30 日初
版，頁 147-148。）

59 達賴喇嘛在他的著作《藏傳佛教世界》中說：【通常我教導宗喀
巴的《密宗道次第廣論》(sNgags rim chen mo)在沒有翻譯
中斷的情況下要花二十天。】（第十四世達賴喇嘛著，陳琴富譯，
《藏傳佛教世界》，立緒文化事業有限公司，93 年 10 月初版八刷，
頁 149。）達賴喇嘛要教導《密宗道次第廣論》就要花二十天的時
間來說明，更何況練習成熟，但是這個譚崔性交只是性交技巧，
根本與修行無關。

60 如前所舉達賴書中強調性高潮的重要性，所以長時間的性高潮乃是
對於一個喇嘛教修行者來說，那是非常的重要，因此努力的找尋
性交對象是藏傳佛教的喇嘛必備的修法，只是遲早的問題罷了。

61 事實上常常看到這樣的事件，這位達賴喇嘛的發言者乃是避重就輕

　　由這些旅居中國的歐美人士的說法，配合前面西方媒體的報導，我們就可以知道喇嘛教（藏傳佛教）的唐卡或佛像中，常常看到雙身性交的佛像，這對喇嘛來說是再正常不過，其實這些雙身像就是爲了與女信徒性交做準備的臨摹工具。所以藏傳佛教的喇嘛出家人，爲了要修行雙身法（譚崔性交）──這是他們的主修，因此最後必須找一個（乃至多個）眞正的女人性交來修練。如果這個藏傳佛教實行者─喇嘛─沒有辦法找到年輕的女人該怎麼辦？有的就選用比較蒼老的女人，例如達賴喇嘛授權發行的一本實修書籍──《吉祥時輪六座上師瑜伽念修教授》，書中說：

> 依照「時輪派」所說，**以年老婦女爲明妃亦無不可（明妃年齡並無特別限制）**，但是「密集派」及「勝樂派」卻認爲不宜以年老女子爲明妃。一般而言，續典對於堪作事業手印的明妃年齡皆有說明。總而言之，拙火尚未過於衰損的女子即宜充當事業手印。但是行者若能與空行母的化身合修，**即使年紀**

老邁亦無妨礙。[62]

其實藏傳佛教的喇嘛上師都是喜歡找年輕貌美的女性，如果找不到的話，這時遇到財力雄厚的富婆也將就用，因此說：**「即使年紀老邁亦無妨礙」**，因為譚崔性交就是他們修行的核心，若是真的找不到年輕女性或者年紀老邁的富婆，那就如同 Jeff Hays 文章中所說——只好在**雙身像上面實修自瀆而射精，甚至有的對於年幼的男孩**[63]**進行譚崔性交的修行**。常常聽聞喇嘛教（藏傳佛教）有性侵事件的發生，已是正常的事情了，本書亦會舉出許多例證說明。如果實在還找不到女信徒可以實修譚崔性交的話，那只好飢不擇食地連畜生女都用來性侵[64]。例如藏傳佛教很有名的大成就者陳健民上師說：

> 成佛必須以大樂配大空，其配法有直配(人與人)與橫配(人與畜牲)二種：(1)直配為上下四喜，初喜為斷過去世空，二喜斷現在世空，三喜斷未來世空，四喜斷三世一如空。既斷三世，證無死虹身。故密

---

62 更朗仁巴羅桑蔣貝丹增傳授，丹增卓津漢譯，《吉祥時輪六座上師瑜伽念修教授》，盤逸有限公司出版發行，2008 年 2 月出版，頁202-203。

63 編案：藏傳佛教的喇嘛也有性侵女孩，但是因恐怕女孩懷孕，也有很多喇嘛轉為對男孩性侵以避免懷孕生子的問題，並達到修雙身法譚崔瑜伽的目的。有關藏傳佛教喇嘛的性侵事件本書於後會列舉甚多案例，請讀者繼續閱讀即明瞭。

64 筆者相信那個畜生女沒有同意喇嘛與牠性交，故此處用「性侵」。

法中纔有長生之法。(2)橫配則能集合十方諸佛大樂（集合十方「諸佛」淫觸四喜之樂）於一身，成就最高最大。但不在陰陽，不用龍虎，全用止觀雙運之力，外用各種貪法、貪念、貪行及一切貪煩惱，愈多愈好。樂（觸）愈大，則空愈大，而成就亦愈大。虎多固好，龍來亦好。古大德傳記，**有用畜生者，能生大樂都應用也**。[65]

因爲「**性高潮的達到**」乃是藏傳佛教喇嘛們所修無上瑜伽必須達到的首要目標，因此在找不到有意願性交的女信徒對象時，強制性交的性侵害事件的發生就是不可能避免的事情。我們從〈Asian Tribune〉(2005 年 3 月 28 日)網路線上日報的這一篇報導，可以證實這個性侵害的事實，發生在藏傳佛教的寺院是很普遍的現象，並不是如同達賴喇嘛的發言人所說「不普遍」。

這篇報導說：在斯里蘭卡有許多七歲以下孤兒被送進喇嘛教（藏傳佛教）道場，卻長期被出家人（喇嘛）性侵害。我們來看這篇報導的內容：

---

65 陳健民著，徐芹庭編，《曲肱齋全集》（一），普賢錄音有聲出版社，80 年 7 月 10 日出版，頁 470。

斯里蘭卡佛教出家人 [66] 對孩童進行性侵害

2005 年 3 月 28 日 —— 記者 Chandra

斯里蘭卡孩童性侵害

我最近一次於 2004 年 12 月訪問斯里蘭卡時，去了南部的地區，才發現那裡有不少七歲以下的小孩被強迫送到佛教道場與寺廟（譯案：藏傳佛教的道場）。在那些佛教寺廟裡，孩童性侵害非常普遍，因為出家人把那些小孩當作洩慾的工具以滿足自己的性慾望。由於佛教是斯里蘭卡的國教，沒有人敢質疑那些出家人的行為。[67]

所以在喇嘛普遍的世界中，性侵事件乃是屢見不鮮，不僅僅斯里蘭卡如此，台灣地區更是非常的多，只是大多被隱忍下來而未公開；乃至歐美也常聽聞性侵事件，我們將於下一個章節說明並舉證，請讀者繼續閱讀即知。

---

66 譯案：意指藏傳佛教的出家人喇嘛，而不是真正的佛教出家人，因為「藏傳佛教」其實是喇嘛教，並不是佛教，只是盜用佛教的名義說為「藏傳佛教」。

67 原文為英文資料，詳見附錄六。資料來源：

http://www.asiantribune.com/child-abuse-sri-lanka-buddhist-monks

三、喇嘛、性侵、愛滋病

在藏傳佛教喇嘛流行的地方，常常聽到、看到性侵的事件發生，從上一章舉出性侵男童的報導，我們再從另外一篇報導為起點來探究這個問題。La Crosse Tribune 為美國威斯康辛州拉克羅斯的報紙，其網站上有一篇有關一名喇嘛修雙身法所引發質疑的專欄報導，我們從。這一則專欄報導為起點來瞭解喇嘛教（藏傳佛教）喇嘛、性侵，乃至性病、愛滋病之間的關聯性：

Ole 喇嘛到底是佛教老師還是騙子？[68]

發佈日期：2009 年 11 月 15 日

作者：Joe Orso

……我們回來談談 Ole Nydahl 喇嘛，這位星期三晚上演講兩個小時的奇特人物。

他目前 68 歲，來自丹麥。他宣稱自己創立的「金剛道佛教」(Diamond Way Buddhism)在全世界擁有 600 個據點，在歐洲的知名度勝過美國。有 80 位主要來自

---

68 原文為英文資料，詳見附錄九，資料來源：

http://lacrossetribune.com/news/local/article_bc6ed916-d197-11de-85b7
-001cc4c002e0.html

歐洲的信徒跟隨著他來到美國巡迴演講，當天也在拉克羅斯演講現場。

那麼他所教的到底是不是佛法？

Ole 喇嘛創立的 Diamond Way 佛教在拉克羅斯有一個據點。過去幾年，每當有其他佛教徒談到 Diamond Way 時，都會有人質疑它的正當性。其中還有一些人形容 Ole 喇嘛是個騙子。

很不幸的，他這次的來訪證明了這個觀點是正確的——至少在我眼中是如此。

他口中說出來的某些話固然屬於佛教的範圍—如有關「苦」、「空」等觀念的字眼—不過他的主張困惑性比啓發性更大。演講接近尾聲時，每一分鐘大概有一位聽眾離席。

坦白講，Nydahl 也清楚自己表現得很差，他失態的地方包括喝咖啡、吃藥，以及忽然間下台去上洗手間。他說這些都是因爲時差所引起的，不過他演講結束後居然還有體力去市中心的酒吧和他的學生相聚。

即使他只是晚上沒睡好，Nydahl 的現象仍然有令人深感不安的地方。

當我第二天問他有關他和他的學生發生性行爲的傳言時，他並沒有否認。[69]

---

69 因爲藉著佛教修行名義來達到與女信徒性交的實質，這就是藏傳佛

他電話裡告訴我：「那個並沒有牽涉到師生關係。他們雖然是『金剛道』佛教徒，但在那一刻他們不是我的學生，而是平等伴侶[70]。」

……必須要講的是 Nydahl 和藏傳佛教的某一派系有關聯。

教喇嘛們的教義，Ole 喇嘛只是比較敢承認罷了，請讀者參考前文所錄 Shamar 仁波切的文章〈譚崔法門在西藏佛教裡所扮演的角色〉，以及西班牙第二大報紙 El Mundo 的「數位專訪(encuentros digitales)」一欄中，記者訪問 Ole 喇嘛的文章，名為"Lama Ole Nydahl"，Ole 喇嘛說：「性交被視為一個禮物。」

70 達賴喇嘛在他的書中說要透過性伴侶修行：【根據新譯派，秘密真言(Secret Mantra)修行的某一高點(high point)，真言行者(māntrika)從事一些特別的修行如利用性伴侶、打獵等等。雖然很容易解釋使用性伴侶是為了引發欲望到修行之路以及包括體悟空的微細意識，但打獵就不能這樣解釋。】，在他書中的英文原文如下："According to the New Translation Schools, at a certain high point in the practice of Secret Mantra, the māntrika engages in special practices such as making use of a sexual partner, hunting animals, and so forth. Though it is easy to explain the purpose of employing a partner as a means of bringing desire to the path and inducing subtler consciousnesses realizing emptiness, the hunting of animals cannot be explained that way."（The XIV Dalai Lama, 'Kindness, Clarity, & Insight', Snow Lion Publications, 2006, p.248.）因此很明確的知道，不管是達賴喇嘛或者是這個 Ole 喇嘛，他們所弘揚的藏傳佛教譚崔瑜伽，就是要利用性伴侶來達到無上瑜伽雙身法性交享樂的目的，其實這就是達賴喇嘛為首所弘揚藏傳假佛教的最終目的。

就像來自沼田的芝加哥大學神學院佛教研究客座教授 Matthew T. Kapstein 寫 e-mail 告訴我:「Ole 與西藏密宗白教有實質的關係,所以他不完全是個騙子[71]。只不過他自己對佛教的詮釋方式以及個人風格與白教的傳統法門有所不同。」……

　　在美國這一則報紙的專欄報導,我們知道這個西方的喇嘛不避諱自己與學生之間性行為的關係,而且美其名說為「平等伴侶」,但是我們知道喇嘛們與他們的女性學生,平常就是師生關係,但是要修譚崔瑜伽、譚崔性交的時候——在性交的那一刻,就變成「平等伴侶」——平等使用的性伴侶,其實這根本就是要性侵女學生的說詞。何以這麼說呢?我們舉一則新聞報導來證明,我們從一九九四年十一月〈舊金山 *Free Press*〉的一則報導可以知道這個結論,這個事件的男主角乃是喇嘛教(藏傳佛教)內非常有名望的一個喇嘛,也就是《西藏生死書》的作者—索甲仁波切—遭控告性侵害。報導中說:一名婦女在美國加州聖塔庫魯斯郡向法院提出一樁求償千萬美元的官司。她聲稱遭受到《西藏生死書》作者索甲仁波切的脅迫與性侵害。

---

71 因為 Ole 喇嘛他是藏傳佛教中真正合格的喇嘛,只是這些歐美人士不知道「藏傳佛教非佛教」,譚崔性交就是喇嘛壓根要做的事情,他們就是要與女信徒修無上瑜伽的譚崔性交。若論佛法,他們是假佛教之名義的騙子,因為雙身法的實修與所得的境界都與佛法的實證無關;若論譚崔性交,他們真的就是要這樣做。

藏傳佛教暢銷書的作者被控性侵害[72]

一名婦女在美國加州聖塔庫魯斯郡向法院提出一樁
求償千萬美元的官司，她聲稱遭受到《西藏生死書》
作者索甲仁波切的脅迫與性侵害。

記者 Don Lattin

舊金山 *Free Press*

發表於 1994 年 11 月 10 日星期四 22:57:55

舊金山報導：帶著達賴喇嘛的祝福，一群由美國婦女
佛教徒發起了一項運動，揭發一位著名西藏喇嘛兼暢
銷佛學書作者被控告犯下邪淫的罪行（性犯罪）。

上週在加州聖塔庫魯斯郡高等法院的一樁民事訴訟
案件中，索甲仁波切——《西藏生死書》的作者，被
人指控犯下「身體、精神與及性行為上的虐待」。

根據這項訴訟的內容，一位化名為 Janice Doe 的匿名
女子，於去年前往位於加州聖塔庫魯斯郡索甲仁波切
所開設主持的 Rigpa 靜坐靈修會員中心，尋求有關**靈
性修行的指導**時，最後卻在這位藏傳佛教密宗大師
「脅迫下跟他進行了非自願性的性行為（譯案：即性
侵）。」[73]

---

72 原文為英文資料，詳見附錄七，資料來源：
http://www.well.com/conf/media/SF_Free_Press/nov11/SF_Free_Press.htm
http://www.well.com/conf/media/SF_Free_Press/index.html

73 藏傳佛教的喇嘛上師活佛都是以「靈性指導、加持、灌頂……」等

根據起訴書記載：「索甲仁波切聲稱只要被害人跟他做愛，就能強化她自己的靈性，並獲得心靈的癒合。他還告訴她，能被喇嘛看中是一種很大的福氣。」[74]

這次訴訟內容除了控告索甲仁波切犯下欺詐、毆打、造成精神性傷害，以及違反信託義務等數項罪名外，同時還指控這位西藏喇嘛「**為了滿足個人性慾不惜引誘多名女學員跟他發生性關係**」。[75]

身為當今遍佈歐、美、澳等國許多靜坐靈修中心之一的聖塔庫魯斯郡 Rigpa 會員中心的發言人 Sandra Pawula 小姐，拒絕針對此事發表任何評論。不過她卻提到，索甲仁波切至今獨身未婚，而且從未標榜自

種種的說法來合理化其實修譚崔性交的說詞。達賴喇嘛說必須要與實體的性交對象才能夠有大成就。達賴說：【秘密集會檀陀羅裡，有關與明妃和合的章節中，說若與**實體明妃行樂空雙運**，才會成就真正的身曼荼羅修行，如果僅與**觀想中的明妃行樂空雙運，則其成就不大。**】（達賴喇嘛著，《喜樂與空無》，1998年一版一刷，唵阿吽出版社，頁 137-138。）

74 這就是藏傳佛教喇嘛上師一貫的伎倆，他們聲稱能夠透過性交加持修行，因此矇騙很多無知的女性與喇嘛上師上床。請讀者繼續閱讀本文後續舉證列表，以及附錄十二 D‧喇嘛性醜聞媒體報導。

75 滿足性慾望就是藏傳佛教喇嘛上師必須的修行核心。達賴喇嘛說：【由於我們肉體的本質使然，意識層次的這些改變才會發生。而其中最強烈的、行者可以加以運用的意識，**是發生在行房之時。因此，雙修是密乘道上的一個法門。**】摘錄自達賴喇嘛著，鄭振煌譯，《達賴喇嘛在哈佛》，立緒文化事業有限公司，93 年 12 月初版二刷，頁 133。

已戒色禁欲[76]。至於索甲仁波切本人，目前身在國外，無法取得聯絡[77]。這宗法律訴訟案件提出之前，多位美國婦女曾發起一項寫信給達賴喇嘛的運動，針對索甲仁波切與其他幾位較不具知名度的西藏喇嘛被控告犯下性剝削與性侵犯的事件表達關切[78]。

達賴喇嘛位於印度 Dharamsala（德蘭莎拉）的秘書

---

76 這就是西藏喇嘛的一貫說法：在性侵事件發生前，都說自己乃是一個禁欲修行非常得力的上師，但是性侵事件爆發以後，就如同這位發言人的托詞所說，舉凡「至今獨身未婚，從未標榜自己戒色禁欲……」等都是謊言，讀者請繼續閱讀，本書即將舉出發生於英國的性侵事件，從中了知喇嘛說詞前後的差異，由此可知這些藏傳佛教的喇嘛都是表裡不一的詐騙者。並且，在真正的佛教戒律上面也不可能一個人與多名女信徒進行性交修行，因為那是犯下邪淫戒。所以，藏傳佛教根本就不是佛教，只是喇嘛教罷了！

77 藏傳佛教的喇嘛們當性侵事件發生以後，就馬上出國，在台灣也是一樣的情形。例如較有名的為 2006 年 7 月 14 日被告發，西藏密宗佐欽寺的住持喇嘛林喇仁波切性侵二十幾位女子，並強迫受害女子口交及吞下精液，說是賜給女弟子「白菩提」心。當東窗事發之後林喇仁波切立即逃離台灣，使得台灣的法律無法追究他；並透過同夥指控受害的事件揭發者，然後就不再回應，讓這個事件隨著時間的逝去而漸漸被人們淡忘。

78 從這一段新聞的描述可以知道，索甲仁波切只是比較有名，因此引起輿論的注意，然而其他無名氣的喇嘛性侵事件乃是非常的多，但是卻沒有被輿論揭發；雖然也有很多人舉發給藏傳佛教最高法王——十四世達賴喇嘛，但是卻沒有改善，因為譚崔性交乃是喇嘛的必修課程，而且是一生主修的核心，永遠不許捨棄；因此性侵事件一定常常發生，只是有沒有爆發而讓大眾了知罷了。

Tenzin Geyche Tethong 說：「這些女學員經歷的事件不僅可怕，而且非常不幸。」。

在今年稍早寫給其中一名女學員的信中，Tethong 還說西藏佛教界領導人「對於這些指控早已聞之有年了」[79]。

加州 Marin 郡 Spirit Rock 靜坐靈修中心的創始人 Jack Kornfield 是去年二十四名在印度與達賴喇嘛開會討論有關當今藏傳佛教界教師邪淫議題的西方教師之一。據他描述，達賴喇嘛當時告訴在場的美國人說：「當事情出差錯時，不要向大眾隱瞞。如果你們真的覺得有必要向媒體揭發，那就去做吧！」[80]

另外一位住在紐約市，據稱也曾遭受索甲仁波切性侵犯的婦女，Victoria Barlow 說：「這些西藏男人利用西方人士對於佛法修行的尊重而瞎搞亂搞的行為，實在

---

[79] 從達賴喇嘛在德蘭莎拉的秘書說法，就可以知道達賴喇嘛老早就已經知道這個事情，但是「譚崔性交的無上瑜伽」卻又是藏傳佛教的核心教義、根本教義，因此只好悶不吭聲地讓時間來弭平這些事件，讓廣大民眾忘記這些事情。至於前句話說：「這些女學員經歷的事件不僅可怕，而且非常不幸。」是因為事情爆發以後的場面話，根本沒有實質的內涵與誠意。

[80] 事情已經爆發了，達賴喇嘛不得不讓事件公開，因為索甲喇嘛違背喇嘛教（藏傳佛教）修雙身法的原則——就是要秘密修行。達賴喇嘛在書上說：【修習密教必須隱秘。】（達賴·喇嘛十四世著/黃啓霖譯，《圓滿之愛》，80 年 9 月 1 日初版一刷，時報文化出版企業有限公司，頁 149。）

是令人噁心厭惡透了！」

現年四十歲的 Barlow 女士還說，1970 年代當她第一次遇見索甲仁波切時，她年僅二十一歲；而她是在紐約與柏克萊靈修中心潛修期間，遭受他（編案：索甲仁波切）性侵犯。[81]

在《自由報刊》（Free Press）向她進行的一次採訪中，她透露道：「我前往這位備受尊重的喇嘛上師的公寓，想要向他請教一些宗教上的問題。當門打開時，我竟然看到他打著赤膊，而且手上還拿著一瓶啤酒。[82]」

---

[81] 藏傳佛教的喇嘛上師都是找年輕貌美的女性，或者找財力雄厚的富婆，因為譚崔性交就是他們修行的核心，若是真的找不到年輕女性或者富婆，那就找男童性侵，如果實在還找不到可以實修譚崔性交的話，那只好連畜生女都用。例如藏傳佛教很有名的大成就者陳健民上師說：【成佛必須以大樂配合大空，其配法有直配(人與人)與橫配(人與畜牲)二種：(1)直配為上下四喜，初喜為斷過去世空，二喜斷現在世空，三喜斷未來世空，四喜斷三世一如空。既斷三世，證無死虹身。故密法中纔有長生之法。(2)橫配則能集合十方諸佛大樂（集合十方「諸佛」淫觸四喜之樂）於一身，成就最高最大。但不在陰陽，不用龍虎，全用止觀雙運之力，外用各種貪法、貪念、貪行及一切貪煩惱，愈多愈好。樂(觸)愈大，則空愈大，而成就亦愈大。虎多固好，龍來亦好。**古大德傳記，有用畜生者，能生大樂都應用也。**】（資料來源：《曲肱齋全集》（一），陳健民著，徐芹庭編，普賢錄音有聲出版社，80 年 7 月 10 日出版，頁 470。）

[82] 喇嘛們都是飲酒食肉，目的就是要為了修雙身法，以此來提昇性能力，如達賴喇嘛說：【在外三密中，葷食是嚴格禁止的。但在無上瑜伽中，行者確有被鼓勵去吃五種肉和五甘露。一個無上瑜

而當他們剛在沙發上坐定，Barlow 說那個西藏人「就撲到我的身上，開始對我又摸又舔！」[83]

「我當時心裏想，應該把他對我有興趣當成是一種無上的讚美，而且基本上應該向他屈服才對。」

有消息來源指出，西藏佛教界原本希望將這些喇嘛上師的性醜聞當作內部事件來處理，不過，在達賴喇嘛發表上述有關向媒體揭發的談話後，他們最終還是決定將事情公諸於世。[84]

Barlow 說：「達賴喇嘛明明知情已經好幾年了，卻一直不聞不問。看來西藏密宗裏頭還真的是有必須保持秘密與沈默的規定了。」

從這一則報導，我們要思考：**索甲仁波切的性侵事件是偶然的個別事件嗎？**其實不然，事實上喇嘛教（藏傳佛教）的喇嘛、上師們，因為在努力勤修譚崔性交雙身法，但是明妃（性伴侶）的數量實在有限，沒有很多女信徒願意讓他們逞欲，因此有時候就不得不用誘拐或者強迫性侵的方式；不管

伽的圓滿行者能夠藉著禪定的力量，轉化五肉和五甘露為清淨物品，消融它們用來增加體內喜樂的能量。】（第十四世達賴喇嘛著，陳琴富譯，《藏傳佛教世界——西藏佛教的哲學與實踐》，立緒文化 93 年 10 月初版八刷，頁 108。）

83 這就是喇嘛的本來面目——性侵天下女人。

84 因為已經告上法庭了，所以無法隱藏就只好公開。讀者由其中達賴喇嘛的秘書說法，以及後面 Barlow 女士的說明，就顯示出達賴喇嘛早就知道，只是紙包不住火，因此被逼得非公開不可。

是婦女還是男童，都可以是譚崔性交的對象，乃至畜生女都用，如同藏傳佛教大成就者陳健民上師所說的：**能生大樂都應用也**。所以有藏傳佛教弘揚的地方，性侵事件的發生就不能避免；除了前舉亞洲的斯里蘭卡及美洲的美國之外，在世界各地也有很多的性醜聞可稽。我們再舉一歐洲的例子：英國知名報紙 *The Independent*（獨立報）於 1999 年 2 月 10 日中有刊登一位藏傳佛教有名的喇嘛對於受害者（信徒、弟子等）長期性侵的事件，這篇報導中記者採訪蘇格蘭宗教哲學家坎貝爾（June Campbell），她述說自己長期擔任西藏喇嘛—卡盧仁波切—之佛母（明妃）的經歷，這篇名爲〈**我是坦特羅（譚崔）密教的性奴隸**〉，文中詳細描述喇嘛教（藏傳佛教）譚崔性交法的實質，而將與其共修樂空雙運、大樂光明的女性，美其名爲「佛母、明妃、空行母」；但是這些被其謊言利用的女性，其實乃是藏傳佛教喇嘛們逞欲的性奴隸；讀者透過這篇報導，可以更清楚瞭解藏傳佛教的修行內涵與眞面目——性交雙身法。

我是坦特羅(譚崔)密教的性奴隸[85]

英國獨立報-1999 年 2 月 10 號

記者 Paul Vallely

June Campbell 曾經多年擔任一位地位崇高西藏喇嘛的「明妃」[86]。她還曾被告知如果違背秘密誓言的話，將遭受死亡的威脅。但是話說回來，所謂的開悟或許還真的脫離不了這些事吧？

又是一雙「黏土腳」嗎[87]？不，是人體解剖構造上的

---

85 原文是英文資料，詳見附錄五，資料來源：

http://www.independent.co.uk/arts-entertainment/i-was-a-tantric-sex-slave-1069859.html

86 譯案：明妃就是藏傳佛教喇嘛上師的性伴侶。達賴喇嘛說：【由上所述，修根本心的方式就有三種：(1)依新派對《秘密集會》的解說；(2)依《時輪密續》的空相等說法；以及(3)依寧瑪的大圓滿法。根據新派的說法，在修習秘密真言達到某種高程度時，真言行者可以修特別的法門，如利用性伴侶以及獵殺動物等。雖然雇用性伴侶的目的，可以容易地解釋成是一種引貪欲入道的手段，並且也為了誘使證空的較細意識生起，不過，獵殺動物卻無法如此解釋。】(達賴·喇嘛十四世著，黃啓霖譯，《圓滿之愛》，時報文化出版企業有限公司，1991/09/01 初版一刷，頁322。)

87 黏土腳這個名詞特別用來喻指某些外表看來地位崇高、道貌岸然之人，其實暗藏有公眾所不易看見的弱點或見不得人的秘密！亦即意味一個人的地位即便再神聖，站處即便再高，如果他的雙腳竟是黏土作的，那麼將很容易會被人打碎，打碎了以後自然就站不穩，必定要從高處跌落下來，變得既不神聖亦不崇高了。

另一部分—而且是再肉質不過的一部分—所造成的麻煩[88]。當然，我想讀者們應該都不至於會把坦特羅（譚崔）密教中男女雙修的性行爲錯判成是一種坦蕩公開的活動。不過話再說回來，當你立誓出家成爲一名禁慾的比丘尼時，任何一種形式的性行爲想當然也都不在你原先的計劃當中吧。

在演講開始時，June Campbell 首先表明，這是自她的書《空行母》（*Traveller in Space*）三年前出版以來僅僅第二次受邀爲這個國家的佛教團體發表演說。這一點也不教人意外，因爲她演說的主題是〈靈修團體中的異議〉，而確實很難找到比她這一種異端邪說更加強烈的了。因爲她在書中不僅揭露了自己曾是藏傳佛教（喇嘛教）最「神聖」的幾位僧侶（譯案：喇嘛）當中的一位——轉世喇嘛卡盧仁波切多年的秘密性伴侶，她還堅稱在這種性關係當中所隱藏的權利濫用，更足以暴露出整個藏傳佛教（喇嘛教）教義最核心的缺失！！[89]

---

88 藏傳佛教把男女性器官神格化、神聖化，喇嘛們都把陽具名爲金剛，把陰戶名爲蓮花，亦即藏傳佛教所說的教理內涵，其實就是欲界男女生殖崇拜肉體的性交罷了；因爲男女性器官只是生理結構上肉質的部分，在佛法的實證中沒有什麼神聖可說。

89 利用性伴侶（號稱：明妃、佛母、空行母）來行雙身法的譚崔性交，那是藏傳佛教的必要條件，這些性伴侶被利用徹底就是性奴隸的下場。如達賴喇嘛說：【……根據新譯派，修秘密眞言到某種程度時，修者修特殊法，如利用性伴侶、打獵等等……。】（達賴喇嘛十四世著/黃啓霖譯，《圓滿之愛》，時報文化出版企業有限公司，80年9月1日初版一刷，頁322。）

說實在的，這真是邪說異端。對圈外人而言，卡盧仁波切是西藏流亡在外的瑜伽師——喇嘛當中最被尊敬的其中一位。身為自己寺院的住持，他不僅早已發誓禁慾[90]，更以曾經閉關潛修十四年而備享盛名。他的學生當中，很多都是西藏最高階層的喇嘛[91]。而正如 Ms. Campbell 所說的：「在西藏社會中，他的身分地位是無庸置疑的，而所有人也都樂於為他的神聖不凡作證明[92]。」

藏傳佛教(喇嘛教)世界的內部圈子——不管這個宗教在西方時尚圈中已經如何傳播開來——本質上都還是一個既封閉而又緊密的圈子[93]。儘管 Ms. Campbell 已經選擇將自己的陳述以一種頗為節制的方式，在她那本極為學術化而又以「尋找藏傳佛教中女性之定位」為副標題的書中表達出來，卻仍然不免在這個封

---

90 藏傳佛教的喇嘛、上師、活佛，通常對外都宣稱他們是早已離慾的大修行者，但是他們卻從來不間斷修雙身法的譚崔性交。但是當喇嘛性侵事件爆發以後，就說「他還單身、沒有說自己禁慾」等等說詞，如前所舉索甲仁波切發生性侵事件之後，其發言人的托詞一般。因此「表裡不一」對藏傳佛教的喇嘛來說是很正常的行為。

91 這些喇嘛也如同卡盧喇嘛一般，性侵、性交等花邊新聞不斷，如前所舉 Ole 喇嘛即是最好的例證。

92 這就是藏傳佛教喇嘛利用大眾迷信的心態，所說出來的宣傳伎倆，例如藏傳佛教的喇嘛們彼此都說是某某佛菩薩的轉世再來，其實根本就沒有佛菩薩的功德實質，能夠看到的只是凡夫的特質。

93 因為藏傳佛教乃是以「喇嘛、性」為其核心的團體，故本書亦凸顯此真相，故名為《喇嘛性世界》。

閉的圈子中激起一股被她形容爲「憤怒與激動情緒的原始流露」之反彈。在上個禮拜於 Devon 郡 Sharpham 的無派系佛學研究大學(the nonsectarian College for Buddhist Studies) 所舉行的公開演講中，她說道：「我被痛斥謾罵成一名騙子，一個惡魔！」她還說：「在西藏喇嘛教那個世界裡，他（譯案：卡盧仁波切）是一名聖人。而我對他的舉發就好像是宣稱天主教德蕾莎修女也會拍色情片一般！」

但是，並非因爲不敢面對這些反彈，而讓她整整等了十八年才出版這本《空行母》(Traveller in Space)[94]來揭發眞相。而是因爲整整花了十八年那麼久的時間，她才終於能夠克服這些經歷所帶給她的創傷。「有十一年之久我絕口不提這些事，等到我終於下定決心要把它寫下來了，又花了七年的時間去找資料作研究。我想做的是，把我自己的個人經歷與對西藏社會中女性所扮演角色的較爲學術性的理解，相互編織聯繫起來，好讓自己能夠去合理詮釋過去那些發生在我身上的事。」

事情發生經過如下，六〇年間嬉皮年代，當 June Campbell 在蘇格蘭家鄉成爲一名佛教徒後，她接著就旅行到印度並在那裡出家成爲比丘尼。她在一座西藏

---

94 Traveller in Space 即藏語 dakini 一辭的英譯；dakini 是空行母的意思。這個名辭雖然看似頗有詩意，實則不過意指被喇嘛用來當作雙修性工具的女人，說實在的就是喇嘛們的性奴隸。

喇嘛寺廟裡待了十年，遠比任何一位西方人士都還深入接近這個信仰中的神秘高層。最後她更成為藏傳佛教密宗大師卡盧仁波切七十年代赴歐美演講時的隨身翻譯。「就是在那之後，」Campbell 說：「他（譯案：卡盧仁波切）要求我成為他的性伴侶，與他雙身共修密法[95]。」

只有一個第三者知道她與卡盧仁波切間的這種關係——一位侍從喇嘛——這個喇嘛也曾在 Campbell 所形容並參與的那種一女多男西藏密宗雙身共修關係中與她發生過性行為。[96]「好幾年過後，我才醒悟到

---

95 不只卡盧喇嘛這麼說，藏傳佛教最高法王達賴喇嘛也要求要以「性伴侶」來修行，達賴說：【根據新譯派，修秘密真言到某種程度時，修者修特殊法，如利用性伴侶、打獵等等。雖然利用性伴侶之目的，不難被說成是為了用欲於道及引出較細的證空之識。】（引自：達賴喇嘛著，《慈悲與智見》，羅桑嘉措——西藏兒童之家，1997 年 3 月修版三刷，頁 246。）

96 不管是多男一女，或者多女一男，這根本就不是佛教的修行方法，而是世俗人輪姦雜交的方式。在藏傳佛教的祖師—號稱至尊的宗喀巴—於其著作中，就有說這種輪座雜交的修行方式，宗喀巴說：【為講經等所傳後密灌頂，謂由師長與自十二至二十歲九明等至（編案：也就是必須由師長喇嘛活佛與自十二歲至二十歲各種不同年齡之九位性伴侶明妃，一一與之交合而同入第四喜的性高潮中而觀樂空不二，而後一一射精於明妃下體中而收集之），俱種（編案：這樣具備九位明妃之紅白菩提—上師與九位明妃混合後之淫液—俱有男女雙方之種子）金剛（編案：密宗說此淫液為金剛菩提心，是盜用佛法名相）注弟子口，依彼灌頂。如是第三灌頂前者，與一明（編案：與其中一明妃）合受妙歡喜。後者，隨與九明

就我當時所被侵犯與被利用的程度來說,那早已構成一種性剝削與糟蹋了。」[97]

就年代上來說,坦特羅(譚崔)密教這種雙身修法要比正統佛教(顯教)還來的早[98]。而這種思想的來源則可遠溯自古代印度教某些教徒所深信的——「在交媾當中男性若能保持精液不漏失,就能增強性愛快感並且延年益壽」[99]。藏傳佛教(喇嘛教)以此爲基礎,甚至更

等至(編案:後者則是隨即與九位明妃同入性高潮中,這樣叫作九明等至),即由彼彼所生妙喜(編案:即由喇嘛與九位明妃一一行淫射精而取得與九位明妃混合的淫液,集合起來名爲甘露而爲弟子灌頂)。……】(宗喀巴著,法尊法師譯,《密宗道次第廣論》,蓮魁出版社,1996 年 10 月初版一刷,頁 322。)

97 Campbell 女士還算理性,因此能夠覺悟事實:自己只是一個性奴隸、性工具罷了。但是現在還有甚多被性侵或誘姦的女性卻不敢聲張,乃至還有人願意繼續迷信下去。

98 譯註:因爲譚崔性交乃是古印度性力派的外道修法,完全不是佛教的修行內容,只是外道夤緣佛教的名相而入竄佛教之中,然後在偏遠的西藏發跡,後來改名爲藏傳佛教,實質上藏傳佛教非佛教。

99 譯註:達賴喇嘛於其英文版的書中也有類似的說法:【各種無上瑜伽密續的方法都是要經由各種不同的技巧去顯現明光心,也叫作本俱的基礎明光心,這些技巧其中之一就是使用性高潮的大樂(但是沒有射精)來去除較粗層次的意識,經由這樣的方法就可以顯現最微細層次的心。】英文原文如下: "The various systems of Highest Yoga Tantra seek to manifest the mind of clear light, also called the fundamental innate mind of clear light, by way of different techniques. One of these techniques is to **use blissful orgasm (but without emission)** to withdraw the grosser levels of

進一步發展成深信「若將情慾導入修行當中，而非一味排斥情慾」，將可以讓修行人加速到達所謂開悟的境界！[100]這種將情慾導入修行中的方法，在藏傳佛教（喇嘛教）中被視爲極端危險而又極端有效，可以讓修行人有機會在短短的一世中證悟成道，即身成佛。[101]

資歷淺、地位低的喇嘛因爲有所受限而只能在冥想當中以觀想的方式進行這種男女雙身修法[102]，但是正如 Campbell 書中所陳述的，那些號稱「大師」的高階喇嘛則自認已經達到能夠進行眞正的男女合體雙修而

---

consciousness, thereby manifesting the most subtle level of mind."
（The XIV Dalai Lama, 'Kalachakra Tantra: Rite of Initiation', Wisdom Publications, Boston, 1999, P35）
然而不是只有達賴喇嘛這樣說，筆者再舉一藏傳佛教一個有名的經典論著也這樣說：【行者倘能堅固修習，則抱明母時，**即使精將外洩，只要拍剌一聲，即可將精閉住，使不得出。如能與明母交而不洩，則成佛可必。**】（道然巴羅布倉桑布講述，盧以炤筆錄，《那洛六法》，晨曦文化公司 1994 年 8 月初版，頁 188。）

100 達賴喇嘛又說：【依據密續的解釋，樂的經驗得自三種狀況：**一是射精，二是精液在脈中移動，三是永恆不變的樂。**密續修行利用後二種樂來證悟空性。因爲利用樂來證悟空性的方法非常重要，所以我們發現**無上瑜伽續觀想的佛都是與明妃交合。**】（達賴喇嘛文集（3）——達賴喇嘛著，鄭振煌譯，《西藏佛教的修行道》，慧炬出版社，90 年 3 月初一版一刷，頁 85。）

101 事實上男女雙身法是不可能修成佛的，乃是藏傳佛教喇嘛們的謊言，無奈再愚癡的謊言都有人願意被騙而信受。

102 也就是初灌頂等觀想法。

不被情慾污染的境界[103]。在西藏所謂的「密續」[104]中，詳細地解說了這些號稱可以控制男性精液流的瑜珈呼吸控制法與其它修行法[105]。所有這些方法的主要目的不外乎「將精液沿著脊柱往上引導到頭部」[106]。一位修行者如果能夠累積越多的男性精液能量在頭部，就越被視爲在智能與心靈上越加優秀強壯。

「一般性行爲的倒行逆施正是密宗雙身儀軌中男女雙方相對關係地位的寫照。」

---

103 實質上藏傳佛教（喇嘛教）所謂無上瑜伽的男女合體譚崔性交，就是欲界最爲低下的染污法、淪墮法。

104 特指藏傳佛教密宗喇嘛們自創的經典，與顯教經論不同。

105 藏傳佛教的喇嘛上師活佛們，常常號稱可以透過雙身法即身成佛，因此他們在實修雙身法的譚崔性交之前，會很努力的修中脈、氣功、寶瓶氣等，目的就是要與女信徒性交時不會洩精，如達賴喇嘛於書中說：【有三種方式可以讓身體的氣產生改變。第一種純粹是自然的生理過程，這是由於不同元素的分解，包括地大（堅固性）、水大（流動性）、火大（熱）、風大（動作性）。在睡眠與死亡的過程，這些會自然出現、無法控制。另一種類似的氣的改變是特定禪修的結果，主要透過專注與想像。這能讓心識從粗重轉到微細的層次，而產生氣的改變。第三種則是**透過性交行爲**。不過一般人的交媾無法達到這種能量的移動和心識粗細層次的改變。**唯有透過特定的修持，控制性交時生殖液的流動才有可能發生，男女皆然。**】（達賴喇嘛著，楊書婷、姚怡平譯，《心與夢的解析》，大是文化有限公司，2008 年 9 月 2 日初版，頁 50。）

106 意爲陽性或男性能量，就外在而言，即表現爲男性物質精液。一般人只依常識亦知不可能將精液轉移至脊柱乃至頭部中，因此這是自欺欺人的謊言。

此外，在保持自己精液不漏失的情況下，男性甚至還可以藉由吸取雙修女伴的淫液而獲得額外的精氣能量[107]。這種「一般性行爲的倒行逆施」，June Campbell說：「正足以說明雙身儀軌中男女雙方的相對地位，因爲它清楚表明力量是從女方身上流失到男方身上。」[108]

---

107 因爲在這種邪見與妄想的理論基礎下，所以藏傳佛教喇嘛會一直找很多女性合修譚崔瑜伽，乃至用性侵的方式都可以。

108 之所以稱爲「一般性行爲的倒行逆施」是因爲在一般性行爲當中，男方最終必將射精漏失精液，亦即所謂損失精氣能量！然而藏傳佛教密宗雙身修法卻想要「倒行逆施」，標榜不只精液可以不漏失，甚至還要能吸收性伴侶的精氣能量，而反向逆引此一女性淫液及男性精液能量上傳至頭部！但是實質上，這卻是喇嘛們的妄想。而達賴喇嘛也在書中有這麼說：【例如，從事**一般性交**行爲的平凡男**女**，其生殖液的移動，大大不同於從事**性交**行爲的高度得證瑜伽士和瑜伽女。儘管這男人和女人的生理構造不盡相同，但是從生殖液開始流下直到某個特定部位的時候，應該還是有相似的地方。平凡人的**性交**行爲與高度得證密續修行人的**性交**行爲，生殖液都會流到生殖器的部位，**差別在於是否能控制生殖液的流動**。密續修行人被要求必須能控制生殖液的流動，所以經驗豐富的修行人甚至**可以讓生殖液逆流**，即使當它已經抵達生殖器的尖端時也不例外。經驗較不豐富的修行人就得在離尖端較遠處便使它逆流，因爲如果生殖液流到太近尖端的位置，會比較難控制。**有種方法可以訓練控制力，那就是將吸管插入生殖器，瑜伽士先透過吸管把水吸上去，然後吸牛奶，藉以增強性交時生殖液逆行的能力**。經驗豐富的修行人不僅可以從非常低的位置讓生殖液逆行，也可以**讓生殖液回到頭頂的部位，即生殖液原來降下來的地方**。】（達

而讓這種雙身修法中男女地位的失衡更形惡化的原因，在於喇嘛大師們會堅持要求他們的「空行母」必須保持隱密——這使得喇嘛們可以繼續掌控這些雙修的女伴[109]。

June Campbell 說：「這本書出版以來，我收到了不少從世界各地曾遭受相同、甚至更惡劣待遇的女性所寄來的信件。」

那麼到底是什麼原因讓她繼續待在卡盧仁波切身旁將近三年之久呢？「個人的威望與地位！這些與喇嘛上師進行雙修的女性們相信，如同那些上師一般，她們自己也是既特別而又神聖的！[110]她們相信自己正踏入一個神聖的領域。這種神聖領域的踏入將爲自己的來世帶來好運，而爲了踏入這個神聖領域而與喇嘛上師們裸體進行雙修則是對自己信仰忠誠與否的一種考驗！」這種宗教信仰、性、權力與秘密的結合，能夠產生一種威力龐大的效應。結果正是造成一種讓人進退兩難的精神勒索情境，恰如另一位西藏喇嘛

賴喇嘛著，楊書婷、姚怡平譯，《心與夢的解析》，大是文化有限公司，2008 年 9 月 2 日初版，頁 186-187。）

109 因此藏傳佛教的喇嘛都把女性當作是自己逞欲的性工具，這些女性都是他們的性奴隸。並且以恐嚇、利誘、欺騙等方式，來要求這些性奴隸不得說出去。

110 因爲只有她們能與「神聖尊貴」的喇嘛上師們進行秘密雙修，因此得到權利與物質的享受，這是別的女人不能！但是當她們人老珠黃，乃至得性病的時候，那就是一點價值都沒有了。

Beru Kyhentze 仁波切所說的：「如果你自己上師的舉止看起來不像一個覺悟者應有的行為，而你又覺得在這種情形下還把他視為是一尊佛實在是很假道學的話，那麼你應該記住你自己的想法是不可靠的，而你所看到自己上師所犯的那些明顯過失，很可能只是你自己迷惑的心靈所顯現的倒影罷了……（要知道）如果你的上師以一種完美的儀態表現舉止時，他對你而言將成為遙不可及，而你也將無法與他親近乃至溝通。所以啊，你的上師之所以表現出種種明顯過失其實是出於大慈悲心……他其實是在為你顯現你自己的過失啊！」

對於那些「空行母」來說，這種精神壓力通常因為她們必須發下毒誓保證決不洩漏與上師雙修**性交**的秘密而更形加強！就 June Campbell 而言，她就曾被告知如果她違背誓言洩漏秘密的話，「瘋狂，災難甚至死亡」將可能隨之降臨於她身上！[111]「與我進行雙修的卡盧仁波切告訴我說，過去某一輩子裡曾有一個情婦帶給他一些麻煩，為了除掉她，於是他就唸咒施術讓那位情婦生病，最後甚至死亡！」[112]

有些佛教徒，例如 Martine Batchelor——過去曾以禪

---

111 這就是藏傳佛教喇嘛用來恐嚇他們的性奴隸的說法。

112 這種謊言大多無法驗證，但是許多人會有生命受到傷害的恐懼，因此不得不屈服於喇嘛們的淫威之下而信受，繼續扮演她們性奴隸的角色。

宗比丘尼的身分在南韓某間佛寺修習長達十年之久，目前則在 Sharpham College 任教——堅信佛陀所傳授的諸多教法可以與許多佛教信仰國家中那些充滿性別歧視、父權至上與壓迫性文化區隔開來。不過，June Campbell 對此不表贊同，她說：「我們必須探討『信仰』與『社會結構如何形成』這兩者之間的關係爲何。」在西藏文化當中，權力都掌握在那些兩歲時就被迫與自己母親分離而被送到全都是男性的喇嘛寺廟中，那群從小心靈可能因此而受到創傷的少數人手中。「他們其中某些人雖然有時也被允許與自己的母親或姊妹會面，不過卻都是在必須保持隱密的情況下進行——這自然而然會讓他們把『與女性會面』和『必須保持祕密』這兩樁事情聯結在一起。」

而 June Campbell 所相信與想要說的還遠不只這些。上個星期在 Sharpham 上課時，她先是提供了在場學生有關各種女性主義一系列的題材資料——從政治層面乃至精神療法等等。接著還要他們去思考一下那些題材與底下這些問題的關聯：爲何在那些坦特羅（譚崔）密宗性愛圖像中完全找不到一尊「女佛」？爲何雙身唐卡圖像中的空行母總是背對著我們？而又是爲了什麼女性佛教修行者總是被教導著應該要祈求來世投胎轉生成爲男身——因爲只有男性修行者才有可能獲得完全的開悟？

「當我開始解開自己那些舊心結的同時，我也開始對

過去的一切產生了質疑。」這些話的意思是，她所質疑的已經不僅僅是某位特定喇嘛上師的行為而已，而是進一步的，所謂「上師」這個觀念是否根本就已經有問題？她更開始懷疑起整個坦特羅（譚崔）密教思想會不會根本只不過是個大妄想？而密教無上瑜伽的男女雙修與一般男女的作愛真的是否有任何差別？[113]她甚至還懷疑起所謂開悟本身與靜坐冥想等等修行是否具有真實意義？「我終於體認到如果我真的想要重新尋回自我的話，我一定得完全地、徹底地拋開以前所修行的那一切！」

除了以上所舉的幾個性侵事件外，還有甚多喇嘛教（藏傳佛教）喇嘛性侵的報導；因為藏傳佛教的教義內涵絕對不能離開雙身法，所以在找不到合適性伴侶的時候，喇嘛性侵害事件的發生就屬正常了，筆者再略舉一些新聞報導，如：

(1) 蘇格蘭報紙 *Daily Record* (2000 年 4 月 17 日)報導：西方最大的密宗道場，也就是位於蘇格蘭於 Samye Ling，遭警方調查**性侵害**與毒品，住持涉嫌騷擾年

---

113 June Campbell 女士所說乃是事實：喇嘛、仁波切就是希望透過男女性交達到高潮，這與一般男女裸體做愛沒有任何差別。但是喇嘛教（藏傳佛教）的活佛們卻會說他們的性交乃是在修行，是高尚的。例如達賴喇嘛說：【在高潮時，透過特殊的專注技巧，有能力的行者可以延長甚深、微細而具力的狀態，利用此來了悟空性。然而，如果是在凡夫的精神內涵中進行**性交**，是沒有任何利益的。】（達賴喇嘛著，丁乃竺譯，《達賴生死書》，天下雜誌股份有限公司，2004 年 12 月 20 日第一版第十二次印行，頁 158。）

輕出家人,此道場曾獲得達賴喇嘛及知名人士如李察吉爾之支持。

聽說那位住持性侵害了三位男子,另外這個道場還有涉嫌吸毒案件、偷竊和詐騙。原告乃十八歲出家人名 Kevin Stevenson。[114]

(2) 英國倫敦知名報紙 *The Independent* (2000 年 9 月 10 日)也有類似案件的報導。[115]

(3) *The Free Library*（網上圖書館）則報導同一個道場之另一椿醜聞:
一名於該道場掛單的三十歲喇嘛名 Tenzin Chonjoe 性侵一名十四歲少女,被判三個月有期徒刑。[116]

(4) 2000 年 6 月,來自尼泊爾的拉秋仁波切,被控對一名婦人性侵害。

(5) 2001 年 6 月,尼泊爾籍楚姓喇嘛被張姓女子控告騙婚及詐欺。

(6) 2002 年 10 月,〈新明日報〉報導:(香港訊) 女商人自爆與來自中國成都密宗大師義雲高發生性關係,還聲稱拍下交歡錄影帶。

---

114 http://www.highbeam.com/doc/1G1-61519543.html

115 http://www.highbeam.com/doc/1P2-5107207.html

116 http://www.thefreelibrary.com/PERVERT+MONK+ABUSED+GIRL,
   14%3B+SCANDAL%3A+SEX+CASE+IS+ANOTHER+BLOW+TO...
   -a062821097

(7) 2002 年 10 月，瑜伽老師向警方指控，遭由印度來台弘法的喇嘛圖登旦曲性侵害。

(8) 2004 年 12 月，台灣籍喇嘛楊鎬，涉嫌連續對兩名女子性侵害。

(9) 2006 年 4 月，時尚摩登的西藏喇嘛盛噶仁波切，遭北台科大教授江燦騰抨擊：他在台亂搞男女關係。

(10) 2006 年 7 月，大陸的林喇仁波切在台弘法，藉機性侵多名女信徒。還說他的精液（甘露）吞下後可得到最高加持。[117]

(11) 2007 年 4 月，自稱是達賴認證的活佛，來自西藏，在台灣傳法的敦都仁波切，以「雙修」為名，不只對女信徒性侵未遂，甚至還亂搞男女關係，有多名女子受害。[118]

(12) 2008 年 3 月，出生於印度的貝瑪千貝仁波切，與黃姓婦人於道場發生性關係，遭婦人丈夫當場捉姦。

(13) 2010 年 10 月，「真佛宗麻豆萬化共修會」黃姓喇嘛父子拐騙少女雙修，性侵及性騷擾長達 8 年，台南地院將兩人以連續性侵害及性騷擾少女罪嫌，分別重判 9 年 2 月和 3 年 2 月有期徒刑。[119]

---

117 http://www.wretch.cc/blog/kc4580455/13172458
118 http://www.wretch.cc/blog/kc4580455/13174862
119 http://www.libertytimes.com.tw/2010/new/oct/5/today-so4.htm
　　以上資料乃是彙整自〈自由時報〉及大各新聞媒體、報紙

看到這些報導,讓我們知道藏傳佛教(喇嘛教)的本質,就是上師喇嘛活佛假借修行的名義說為加持,實際上就是要與女信徒實行性交,乃至藉機性侵罷了;然而這些報導也只是喇嘛性侵事件的冰山一角而已,還有很多喇嘛性侵的事件與內容是沒有被揭露的。試想:我們本身或者我們女性的眷屬,與這群常常修無上瑜伽輪座雜交的喇嘛們親近,除了有遭受性侵的危險之外,還有可能因此而感染梅毒、愛滋病等致命的性病。我們從《馮玉祥將軍自傳》這本書中,談到民國初年時期,蒙古地區的藏傳佛教(喇嘛教)中的活佛、喇嘛,因為修雙身法感染梅毒而爛塌了鼻子的事實。據馮玉祥將軍說:

> 談到人口,蒙古本有一千二百萬人。在滿清長期統治之後,今已減少至五十萬人。滿清利用喇嘛教以統治蒙古人民,凡有兄弟八人者,七人須當喇嘛;兄弟五人者,四人須當喇嘛;僅有一人可為娶妻生子的平民。**當喇嘛者有紅黃緞子穿,又可坐享優厚的俸祿。女子沒有充當喇嘛的福氣,但又難找得相當的配偶,於是都做了內地人洩慾的對象。**

> 因為由本部內地來的文武官吏及軍隊、商人,都以道遠不能攜帶家眷,他們都可以在這裡找到臨時太太。一方面是七八個蒙古男子僅有一個妻子,一方面是一個蒙古女子,有若干的內地人為她的臨時丈夫,**事實**

等,還有網路等所刊載資料。

上形成一個亂交的社會[120]。同時男女衛生都不講究，染上淋病、梅毒以後，唯有聽其自然。**當時活佛即患梅毒，爛塌了鼻子**[121]。據說目前檢查結果，蒙古青年十七歲至二十五歲者百分之八十五都患有花柳病；二十五歲以上者，所占百分比自然更大了。**這種現象是太可怕了，若聽其繼續存在，馬上就會有滅絕種族的危險！**[122]

我們可以思考一下：這一起藏傳佛教喇嘛得性病的案件只是個案嗎？其實不然，這些修譚崔性交的喇嘛們，他們會得性病的情形應該很普遍，只是一般民眾沒有資訊知道罷了。我們再舉另外一則資料——《蔣經國自述》，來說明喇嘛「性世界」中性病嚴重的問題：

那裡喇嘛的私生活非常的壞。在那邊差不多家裡有三個兒子的，一定要送一個去做喇嘛，而那裡的婦女，認為和喇嘛發生了性的關係，是最光榮，同時也可以贖去一切罪惡的[123]。所以，那些喇嘛，差不多都染有

---

120 因為喇嘛教（藏傳佛教）的風行，所以濫交的情形是必然的現象。如前所舉案例一男多女，或者一女多男的輪座雜交，這樣的宗教教義引領而成為風俗之下，社會不成為亂交的社會才怪。

121 因為喇嘛活佛有權有勢，因此他們執行雙身法是最普遍且氾濫的，就是因為輪座雜交太多人次，故大多感染性病，導致爛塌了鼻子都是很普遍的現象。

122 摘錄自馮玉祥著，《馮玉祥將軍自傳—我的生活》第三本，頁556。

123 這就是喇嘛教長期灌輸女眾一起上床合修雙身法的說法。

梅毒。[124]

從這案例中，發現喇嘛教（藏傳佛教）的譚崔性交，幾乎是與性病感染脫離不了關係。也許有人會想：這只是過去中國早期醫療不發達的時候才有的吧？其實不然，喇嘛們修無上瑜伽譚崔性交，其實就是要與很多女信徒雜交，而且已受密灌的女信徒也不會只與一位密宗男人性交，因為這就是密宗譚崔瑜伽的教義；因此任何親近他們而接受秘密灌頂的人，會感染性病只是遲早的問題。我們再舉一則現代而且是國外醫學發達的地區，所發生的事實報導，來說明喇嘛「性世界」中勤修雙身法而罹患性病的問題，是不分古今中外的。這篇報導喇嘛上師勤修雙身法而搞出愛滋病。[125]

---

124 易孟醇編輯，《蔣經國自述》〈新的青海〉，湖南人民出版社，1988年9月第一版第一刷，頁140。

125 原文是英文資料，詳見附錄八，全文資料來源：
http://www.american-buddha.com/sect.alarmed.htm

佛教宗派[126]信徒因其領導人隱瞞染上愛滋病的報導而感到恐慌[127]

記者 John Dart

洛杉磯時報，1989 年 3 月 3 日

有報導指出，藏傳佛教在美國最大宗派的精神領袖已於 1985 年染上愛滋病，但他卻一直隱瞞事實，直到去年 12 月一名同伴也染上愛滋病，他才承認此事[128]。這些報導震驚了他的信徒圈，因為他的同性戀行為只有宗派裡的內部人才知道。一位組織裡的主管聲稱這樁醜聞為道德上一場「悲慘的大災難」。當事人為 45 歲的 Ozel Tendzin，出生於美國，擔任國際 Vajradhatu 佛教組織的領導者。而由於他近期不顧組織理事會的命令，斷然決定繼續授課和主持典禮，使得這件環繞在他身上的醜聞迅速擴大。

在拉荷雅 (La Jolla) 潛修

---

126 編案：此處所說的「佛教宗派」，其實是自稱為「藏傳佛教」的喇嘛教，並非佛教。

127 原文為英文資料，請參考附錄八。這篇報導的 Los Angeles Times 的報紙網頁：http://articles.latimes.com/keyword/ozel-tendzin
http://articles.latimes.com/1989-03-03/news/mn-245_1_american-buddhist
而全文資料來源：
http://www.american-buddha.com/sect.alarmed.htm

128 由前文所舉案例，加上這篇新聞報導，藏傳佛教修雙身法得性病而隱瞞事實乃是常見的現象。

這個月初 Tendzin 到加州拉荷雅(La Jolla)的私人住宅潛修。雖然他在 12 月中於柏克萊與洛杉磯所舉行的特別會議中敘述了他的情形，不過有數位會員指出，他當時對於自己的狀況以及爲何沒有告知別人的原因交代得很含糊。[129]

有幾位親近該宗派高層主管的受訪者證實了 Tendzin 的一位年輕男性伴侶和其一位女性友人已經被檢查出是愛滋病病毒的帶原者。[130]

「我們所知道的是誰和誰上床，以及他們三個人都對人類免疫缺陷病毒(HIV)呈現陽性反應」，一個消息來源指出，所謂人類免疫缺陷病毒就是會引起愛滋病（AIDS）的病毒。

一些博學多聞的宗派會員得知此事後極爲憤怒。Lisa Goldblatt，該宗派位於奧勒岡州波特蘭讀書會分會的召集人以及奧勒岡愛滋病聯盟的理事，於 12 月 31 日寫信告知其他 Vajradhatu 領導人：沒有把領導者的情況告知組織是犯了一個「很嚴重的過失」。

Goldblatt 於一封信裡指出：「這個情況──一場悲慘的大災禍──所造成的結果，就是有人已經被感染，而且

---

129 亦即這個喇嘛自己已經得到愛滋病以後，居然沒有告知與他共修雙身法的性伴侶，仍繼續雙修譚崔性交。

130 這個 Tendzin 喇嘛主要就是要合修無上瑜伽譚崔性交，然而藏傳佛教的根本教義就是要輪座雜交，所以性伴侶當中彼此雜交感染，導致得病者包含男性與女性，因此同時都感染愛滋病（AIDS）。

將會死亡。這事件嚴重的傷害了我們的團體，甚至損傷了整個西方的佛教界[131]。」

3,500 名會員

她在信中提到：「倘若領導者或其同事們於 1985 年有把當時的情形告知我們的僧團，事情就不會演變到今天這樣[132]。告知僧團是當時唯一負責任的行為。領導者染上愛滋病是一件悲慘的事件。」

Vajradhatu 體系在北美以及歐洲擁有 35 個靜坐靈修中心，會員人數約 3,500 位。邱陽創巴（Chogyam Trungpa）

---

131 事實上，西方社會都把喇嘛教當作是佛教，但喇嘛教乃是源於印度性力派宗教，實質上並不是佛教，所以藏傳佛教非佛教。又因為藏傳佛教（喇嘛教）中以輪座雜交的方式來修譚崔性交，而且要長時處於雙身法的性交之中，這在藏密喇嘛教中格魯派（俗稱黃教）所謂的「至尊」宗喀巴所著《密宗道次第廣論》中有說：【八時一日或一月，年、劫、千劫受此智。】（宗喀巴著，法尊法師譯，《密宗道次第廣論》，妙吉祥出版社 1986 年 6 月初版，頁 384。），所以長時多人合修譚崔性交，是喇嘛教必經的修行過程。尤其是領導者更是如此，所以當一人感染愛滋病以後，很多人又被感染是正常的，結果必會造成多人感染而死亡，這當然影響整個團體。

132 因為藏傳佛教乃是以無上瑜伽的譚崔性交當作核心修行，所以多人輪座性交乃是必然的修行過程，喇嘛教（藏傳佛教）的祖師至尊宗喀巴說要「九明等至」，也就是要同時與九位明妃同時進入性高潮的樂空雙運，因此他們這些喇嘛怕 Tendzin 喇嘛一人得病，多人感染，而且這個 Tendzin 喇嘛又是上師領導者的角色，所以感染的情形會更嚴重，範圍也會愈大。

仁波切於 1970 年在美國科羅拉多州博爾德創立該組織，並於 1987 年辭世前指定 Tendzin 當他的接班人。

這兩位領導者所傳授的教義內容固然相當傳統，不過他們並非如大部分西藏或其他佛教宗派的比丘，遵守禁慾的戒律[133]。他們兩位都結過婚，不過都有婚外性行為——這在該組織裡並不被認為是不道德的。

Vajradhatu 對於將佛法散播於白種人的世界做出了重大的貢獻，它是最近剛成立的美國佛教會議的主要創始者之一。另外，它也發行一份佛教徒廣為閱讀的報紙，由頗受歡迎的美國佛教歷史學家 Rick Fields 在博爾德編輯而成。

這份報紙名為 Vajradhatu Sun。在其最近一期、延後已久才出版的報紙，於該宗派的標誌上重疊畫上一顆透明破碎的心——象徵了該組織內很明顯的紛亂和僵局。圖案旁加註了一段被某位讀者聲稱為「可悲」的文字內容，聲明領導者以及理事會禁止報社刊登組織進退兩難的相關報導[134]。

---

133 藏傳佛教的各大派，統統都以無上瑜伽當作最終的修行方法，因此所有藏傳佛教的喇嘛們都修雙身法，都沒有禁慾，禁慾只是一個口號罷了，因為他們所說禁慾的定義只是不射精——不貪求射精時的快樂覺受。由本書所列舉古今中外各大喇嘛的書中證據，就可以知道藏傳佛教的喇嘛所說「遵守禁慾的戒律」乃是謊言。

134 這是喇嘛教（藏傳佛教）不負責任的作法，鼓吹雙身法的譚崔性交，但是卻不盡義務告知喇嘛已經得到不治之性病，還禁止這個事實的披露，這樣任由信徒處於被愛滋病傳染的危險中。

面對 Vajradhatu 理事會要求他無限期的卸下職責，Tendzin 並沒有做出任何回應而直接去潛修。

Vajradhatu 是屬於藏傳佛教四大教派之一的印度噶舉派傳統。而 Vajradhatu 於 1 月 10 日的理事會文件上顯示，噶舉派之領導者也已勸請 Tendzin 以團體的和諧以及爲了避免大眾對佛教[135]產生「負面評價」爲考量而卸任。

未接受醫生的治療

據說 Tendzin 有時「身體感到很不適」，不過顯然他希望能透過潛修而改善其健康狀況。舊金山紀事報(*San Francisco Chronicle*) 和 *Boulder Camera* 網路日報指出，Tendzin 曾在 1 月 17 日寫信告訴信徒們：「佛法是治療疾病最上等的藥。」

有一位曾經是 Trungpa 仁波切的弟子，也是親近Vajradhatu 高層主管的受訪者說道，聽說 Tendzin 目前只接受「傳統療法」專家的治療，並沒有接受醫生的治療。一位理事會成員確認 Tendzin 身旁並無醫生，不過不願多作聲明，也不願透露 Tendzin 於拉荷雅居住之處。

在 1 月 17 日的那封信裡，Tendzin 沒有正面承認自己的錯，只提到「我自己以及其他人的錯……」。一位曾參加柏克萊會議的人士告訴舊金山紀事報，會議裡

---

135 其實這不是佛教，乃是以「藏傳佛教」爲名的喇嘛教。

Tendzin 為自己的不知情表示歉意，並解釋他「以為自己本身以及與自己發生過性行為的對象都對愛滋病已做足了保護措施。」[136]

上周 Tendzin 透過電話告知其他多名領導者，等他結束為期三個月的潛修後，他將會繼續授課並主持灌頂儀式。據說透過這個「灌頂授權」儀式，進階學員能夠短暫的瞄到「已開悟」的心一眼。典禮將於 5 月 16 日於該組織位於佛蒙特州 Barnet 附近的靈修中心舉行。

「不堪的地步」

一位組織內深具影響力的人物指出（他發言的條件就是不透露姓名），倘若 Tendzin 堅持主持該儀式，「事

---

136 其實喇嘛們要修雙身法，必須要男女性器官兩兩交合接觸的，實際上是根本沒有做保護措施，因為他們必須與異性的體液混合，或從女性下體吸取體液，不可能採取保護措施。如《吉祥時輪六座上師瑜伽念修教授》─達賴喇嘛推薦授權的一本書─中說：【灌頂諸尊趣入雙運，**由二根和合之處流降明點**，經由主尊頂門，沿相同途徑下達佛母蓮宮，為我們傳授「金剛語」灌頂。】（更朗仁巴羅桑蔣貝丹增傳授，丹增卓津漢譯，《吉祥時輪六座上師瑜伽念修教授》，盤逸有限公司出版發行，頁 175。）這些喇嘛們必須每日八時修雙身法，必須要與多人輪流修雙身法，在實修譚崔性交前，是否也是與這位感染愛滋病的喇嘛一樣的想法：「以為自己本身以及與自己發生過性行為的對象都對愛滋病已做足了保護措施」？值得懷疑。

情將會被逼到一個不堪的地步。理事會的某些成員希
望他能夠繼續請長假。」

Vajradhatu 位於加拿大新斯科細亞省(Nova Scotia)哈利
法克斯(Halifax)的理事會拒絕透露下一步要採取什麼
行動。它一直以來的態度是既不承認也不否認
Tendzin 的健康問題，星期五還發出聲明稿說明不透
露的原因是基於遵守「病患隱私至上的原則」。

該聲明稿還針對組織整體的情況說：「雖然我們全球
的會員當中有幾位被證實是愛滋病的帶原者，不過
（以組織的大小而言）案例的數量比想像中來的少。」
該聲明稿也提醒擔心自己可能被感染的會員應該去
做檢查[137]。

---

137 因為藏傳佛的核心修行就是無上瑜伽的譚崔瑜伽——男女性交的
雙身法，因為達賴喇嘛在書中坦白的說：【對於佛教徒來說，倘
若修行者有著堅定的智慧和慈悲，則**可以運用性交在修行的
道上，因為這可以引發意識的強大專注力**，目的是為了要彰
顯與延長心更深刻的層面（稍早有關死亡過程時曾描述），為
的是要把力量用在強化空性領悟上。】（達賴喇嘛著，丁乃竺譯，
《修行的第一堂課》，先覺出版股份有限公司，2003 年 5 月初版 7
刷，頁 177-178。）所以當上師喇嘛得到愛滋病或者其他性病的時
候，與他合修雙身法的一切信徒都免不了被感染，而喇嘛們又遵守
喇嘛教的根本教義而流行輪座雜交，也是喇嘛教修行的一個必須過
程，因此愛滋病或者性病的感染範圍將會擴大。由於此事件已經爆
發出來了，因此才於該聲明稿也提醒信眾們：「**擔心自己可能被感
染的會員應該去做檢查。**」因為修男女性交的雙身法乃是藏傳佛教
上師們每日必須的功課，所以這個提醒與擔心是必然存在。如果不
是每日修、常常修雙身法，何必擔心自己被傳染呢？

組織內有傳言指出，理事會可能要為 Tendzin 的行為付出法律責任而感到擔憂。對此，理事會成員 Martin Janowitz 在接受電話專訪時推翻這些揣測。儘管他說理事會並不擔心，不過洛杉磯的某一個陪審團這個月才宣判已故知名演員洛克哈德森(Rock Hudson)生前男友 Marc Christian 獲得兩千一百七十五萬美元的賠償金，理由是洛克哈德森與他交往時隱瞞自己正面臨愛滋病死亡威脅的真相。

根據組織內的高層主管表示，Tendzin 本名 Thomas F Rich，出生於紐澤西州 Passaic，妻子與小孩們目前居住在加拿大哈利法克斯。

「我知道他跟其他的男人和女人有過婚外性行為[138]，」美國東岸的消息來源指出。另外，一位洛杉磯不願具名的組織會員則說：「自從我 1974 年認識(Tendzin)以來，他的雙性戀傾向一直是一個公開的秘密。」在另外的一個專訪裡，另一位洛杉磯的會員也提供相同的資訊：「蠻多人知道他曾有過同性戀的性行為。」

---

138 藏傳佛教的喇嘛上師為了要勤修雙身法的譚崔瑜伽，因此必須要與很多人輪流合修，這個 Tendzin 喇嘛乃是男女老少統統一起來，因此感染愛滋病是遲早的事情；因為他們以輪座雜交的方式實修乃是必須的過程，而且輪座雜交在藏傳佛教喇嘛們來說，這是喇嘛高級班的修行——無上瑜伽，藏傳佛教的至尊祖師宗喀巴說要「九明等至」。

不過，理事會成員 Martin Janowitz 指出，同性戀的性行爲並不是問題的所在。「我們所信仰的宗教對個人的性行爲並沒有所謂有道德或沒道德之分[139]。有異於其他某些宗教，我們並沒有把同性戀的性行爲視爲一種罪行。任何會員若罹患愛滋病，我們所關切的是他們的健康問題。」

展現慈悲

多位組織主管不願做任何評論，最主要說他們想對 Tendzin 展現佛教的慈悲以及維持組織內的團結。

「他的行爲造成了很大的傷痛、混亂、以及困惑。（不過）會員們正在處理這個狀況，而且比以前更精進地修行」，一位 Vajradhatu 洛杉磯代表 Marcy Fink 說道。「組織目前非常混亂，只有愚蠢的人才不肯承認。」她還宣稱洛杉磯中心的 100 名會員當中，沒有任何人退出。

---

139 因爲藏傳佛教（喇嘛教）乃是把性行爲當作修行的方法，如達賴喇嘛說：【……第三種則是**透過性交行爲**。不過一般人的交媾無法達到這種能量的移動和心識粗細層次的改變。唯有透過**特定的修持，控制性交時生殖液的流動**才有可能發生，男女皆然。】（達賴喇嘛著，楊書婷、姚怡平譯，《心與夢的解析》，大是文化有限公司，2008 年 9 月 2 日初版，頁 50。）所以得到性病的問題不是人倫道德問題，他們當然沒有人倫該有的道德不道德問題。眞正的問題是他們明知道：「雙身法的譚崔性交乃是他們的修行功課」但這個事實卻不能公開老實說，這才是他們的難以啓口之處。

・ 72 ・

然而，某些 Vajradhatu 會員卻向洛杉磯的佛教愛滋病計畫(Buddhist AIDS Project)尋求諮詢協助。該計畫的召集人 Steve Peskind 和心靈諮詢師 Ken McLeod 共同發表了一份聲明，指出最近的事件「在很多人的心裡造成極大的傷痛和疑惑。」[140]

照片說明[141]：自從 Vajradhatu Internationl Buddhist Church 領導者 Ozel Tendzin 感染愛滋病的消息浮上台面後，他就一直在潛修當中。下方的圖片，一顆透明的心重疊畫在宗派報紙 Vajradhatu Sun 的標誌上，以象徵對被揭發的真相感到悲傷和惶恐，真相包括 Tendzin 染上愛滋病、可能已經把病毒傳染給其他的人，並且不顧其他領導者的期望而執意重回領導者崗位等。報社被禁止對此事件作出任何的報導。[142]

　　由以上的報導可以知道，喇嘛教（藏傳佛教）的根本教義就是修無上瑜伽、樂空雙運的雙身法。在這個前提下，每一個**喇嘛性世界**中的成員，修行到最後，必會如同達賴喇嘛及諸上師活佛所說，成為許多人的性伴侶[143]；

---

140 顯然這個藏傳佛教的喇嘛們還是掩蓋了事實，因此很多人還是擔心自己勤修男女和合的譚崔瑜伽，因此而感染愛滋病等。

141 編案：此乃這篇報導的原文翻譯，本書並未摘取其相片。

142 這是喇嘛教（藏傳佛教）一貫的作法，當事件發生的時候（如性侵、揭露雙身法的特質、喇嘛上師得性病……等），就透過各種管道來禁止報社等媒體報導真相。

143 達賴喇嘛說：【根本心的修行方式是根據：〈一〉新譯派所講的「密集金剛密續」；〈二〉時輪空相法等等；〈三〉

因爲他們要輪座雜交才能修無上瑜伽，而且必須運用實體的性器官接觸而吸取女性的體液；對象從少到老都可以[144]，乃至畜生女都可以用[145]，因此發生無數的性侵事件是不可避免的[146]。因爲喇嘛們所需要得到的就是性高潮的大樂[147]，這就是要靠譚崔性交時，才能產生高潮的射出力量，

寧瑪派的大圓滿法。根據新譯派，修秘密眞言到某種程度時，修者修特殊法，**如利用性伴侶、打獵等等。雖然利用性伴侶之目的**，不難被説成是爲了用欲於道及引出較細的證空之識，……只有在這種崇高境界中，才能以悲心將瞋怒用於修道。是故，新譯派的此一修法之基，與大圓滿之基相同。】（第十四世達賴喇嘛講述，《迎向和平》，慧炬出版社出版，達賴喇嘛西藏基金會印贈〈免費結緣〉，2002/7 初版第二刷，頁 93-94。）

144 【總而言之，拙火尚未過於衰損的女子即宜充當事業手印。但是行者若能與空行母的化身合修，**即使年紀老邁亦無妨礙。**】更朗仁巴羅桑蔣貝丹增 傳授，丹增卓津漢譯，《吉祥時輪六座上師瑜伽念修教授》，盤逸有限公司，2008 年 2 月出版，頁 203。

145 喇嘛教（藏傳佛教）上師陳健民【**有用畜生者，能生大樂都應用也。**】陳健民著，徐芹庭編，《曲肱齋全集》（一），普賢錄音有聲出版社，80 年 7 月 10 日出版，頁 470。

146 如本書前文所舉證的許多性侵報導。

147 達賴喇嘛説：【**而最強的感受是在性高潮的時候，這是大樂的修習之所以包括在最高瑜伽密續中的原因之一。……性高潮**時因爲明光出現的經驗較持久，因此你較有機會加以利用。】（杰瑞米・海華、法蘭西斯可・瓦瑞拉編著：靳文穎譯，《揭開心智的奧秘》，眾生文化出版有限公司，1996 年 6 月 30 日初版，頁 147-148。）

以此來用在修行上[148]。因此這些喇嘛教（藏傳佛教）的上師、活佛、仁波切們的傳承教導，認為實際性交的方式乃是勝過觀想的性幻想，因為觀想的功效不夠大[149]。但是，這樣的結果就肯定無法避免需要很多的性伴侶，在沒有合適的性伴侶時，一切的女眾都會有被性侵的危機，乃至雌性的畜生都會有危險。若是心甘情願的願意修雙身法，努力修行而要滿足合修無上瑜伽的「九明等至」大樂光明[150]，就必須與多人一起雜交勤練，這樣感染性病乃至致命的愛滋病的情形就不可避免。想想看，如果這發生在您或者您的家人身上，您願意讓他們這樣被性侵嗎？願意落入這樣感染性病、愛滋病的危機嗎？

---

148 達賴喇嘛說：【臍處的明點和性器官頂端的明點具有射出的力量，經由淨化，樂可以轉為不變之大樂，無漏(註：明點精液的不外洩)同時可用在修行道上。】（達賴喇嘛著，丁乃竺譯，《達賴生死書》，天下雜誌股份有限公司，2004年12月20日第一版第十二次印行，頁149。）

149 達賴喇嘛在他的書中是這麼說：【秘密集會檀陀羅裡，有關與明妃和合的章節中，說若與實體明妃行樂空雙運，才會成就真正的身曼荼羅修行，如果僅與觀想中的明妃行樂空雙運，則其成就不大。】（達賴喇嘛 著，《喜樂與空無》，唵阿吽出版社，87年3月1版1刷，頁137-138。）

150 宗喀巴於《密宗道次第廣論》中是這樣說：【為講經等所傳後密灌頂，謂由師長與自十二至二十歲九明等至，俱種金剛注弟子口，依彼灌頂。如是第三灌頂前者，與一明合受妙歡喜。後者，隨與九明等至，即由彼彼所生妙喜。……】（宗喀巴著，法尊法師譯，《密宗道次第廣論》，妙吉祥出版社，1986年6月初版，頁399-400。）

四、結論

在一般人的印象中，以為喇嘛教（藏傳佛教）的世界乃是非常的神秘與高深莫測，對喇嘛世界中的一切都抱著好奇嚮往的心境來接觸；尤其於 1933 年以後，一位英國著名的小說家—詹姆斯·希爾頓—在他的小說《失去的地平線》中描繪的一個永恆、和平、寧靜之地，名為「香格里拉」，說這裡是一片絕塵淨域之地，是美麗得讓人一見傾心；說這裡是一塊曠古秘境的環境。在詹姆斯·希爾頓的筆下，「香格里拉」同時是神奇得讓人如入夢境一般；這裡是一座七色光彩的樂土，神聖得讓人頂禮膜拜。「香格里拉」這個名字就如同世外桃源的代名詞一般，透過媒體的渲染傳播，把西藏當作就是「香格里拉」，西藏的喇嘛教（藏傳佛教）就認為是神聖的宗教之一；再透過人們以訛傳訛的方式，結果不由自主的認為：**來自那裡的一切也都是神聖的不得了。**

但是拜科技之賜，資訊發達，世界村的距離愈來愈小，我們的眼界也愈來愈寬廣，因此可以容易窺視整個地球的風貌、風土、民情，因此也慢慢揭開了「香格里拉」的神秘面紗，原來是誤會一場，原來喇嘛教的世界只是一個原始宗教的「性世界」。

感謝您耐心的讀完這本薄薄的小書，若您還是嚮往西藏喇嘛「香格里拉」國度的虔誠者，在夜深人靜的時候，

房內點了喇嘛、上師、活佛、仁波切結緣加持的「藏香」，在那裊裊的香煙上昇之際，虔誠的您知道嗎：這「藏香」於香枝上還有寫著有關喇嘛教的雙身法咒語文字，而這些濃郁的燃燒味道，除了伴隨著繁複的儀軌與音樂而起舞之外，藏香之味還有一個重要功能是：**就是 Erotic，引發性欲！**[151]喇嘛教的一切物質與思想都是不離譚崔性交啊！這就是所謂喇嘛教（藏傳佛教）的慈悲！

---

151 藏香購買網站上的功能說明，就已經顯現出這些內容了。如網站原文：【Sensual (Erotic Blend)　This emotionally uplifting fragrance can greatly enhance the sensual mood of lovers.The aroma that it emits makes people succumb to the body's innate sexuality.】翻譯成為中文就是：【肉慾的（激發性慾的成分）：這種振奮情緒的香味，可大大提高情侶肉慾的情緒。它所發出的香味讓人臣服於身體內在的性慾！】
資料來源：http://tibet-incense.com/blog/

附　錄

附錄一

Stars Fuel Tantric Sex Frenzy, Hype[152]

Diddy, Sting, Heather Graham Among Celebs Who Have Boasted Tantric Sexcapades

By SUSAN DONALDSON JAMES

June 23, 2009

In a beginner's guide to tantric sex, a YouTube video shows a fully-clothed couple demonstrating the "yabyum" position.

She sits on his lap, staring deeply into his eyes, as they harmonize their breathing, stopping and starting their undulations in a slow method known as "riding the wave."

The ancient Hindi practice -- reportedly embraced by rocker Sting and his wife Trudy, actress Heather Graham and impresario Sean "Diddy" Combs -- has been dubbed the "gateway to ecstasy."

Yesterday it was the G-spot, today it is the Chakras, the seven sensual nerve centers of the body -- at least according to promoters of the practice.

---

152 資料來源：
   http://abcnews.go.com/Entertainment/story?id=7901098&tqkw=&tqs
   how=&page=1

In traditional sex, a couple most often uses the thrusting motion to bring themselves to orgasm. In tantric sex, couples prolong intercourse, building up sexual energy for a more intensified orgasm -- or multiple ones.

Many beginners often spend several weeks doing intimacy exercises -- using loving words and gentle touches -- without actually having intercourse

The practice is on the rise, and celebrity interest has "put it on the map," according to Judy Kuriansky, author of "The Complete Idiot's Guide to Tantric Sex."

The breathing methods are similar to meditation and allow couples to transmit energy through their own body and that of the other person.

"It's totally for real," she said. "In one or two sessions of breathing and eye-gazing and statements like, 'I am here to love you,' patients of mine who have sexual and relationship problems say, 'Oh my God, I feel a whole different way." ……

Sean "Diddy" Combs, 39, has claimed to use the method for extreme staying power.

When discussing his Paris getaway with girlfriend Kim Porte, mother of his four-month-old twin girls, the rapper told the London Mirror: "As soon as we landed, we went straight to the Eiffel Tower, drank champagne at the top and just kissed and kissed.

"Then we went up to my suite and had tantric sex for at least 30 hours, ordering up whipped cream and strawberries while we were at it," he said. "As meticulous as I am with my work, I'm more meticulous with lovemaking." ……

Practiced for more than 6,000 years, tantric sex has its origins in India . In Sanskrit, the word "tantra" means "tool for expansion or weaving."

Some see tantric sex as a reclamation of sexual intimacy.

But instead of the "doorway to the divine," as one Web site [153] described the practice, it can also be a pricey path to fulfillment. A two-day workshop can cost upwards of $950 ……

---

153 譯案：原文是寫"one Web sites"，不過顯然是字打錯，因為是單數，所以應該是"one Web site"

附錄二

Le Tantra dans le bouddhisme Tibétain, par Shamar Rinpoche.[154]

Shamar rinpoche

En réponse à certaines questions posées à Shamar Rinpoche (grande figure du Bouddhisme, Tibétain, ancien détenteur de la lignée Kagyupa, après la mort du 16eme Karmapa et avant que le 17eme Karmapa ne prenne sa place en tête de la lignée…(cf. www.shamarpa.com)), Shamar Rinpoche a répondu:

"Lama Ole est venu au monastère de Rumtek au Sikkim (Inde) avec sa femme Hannah à la fin des annèes 1960's dans le but de renocontrer sa Sainteté le 16ème Karmapa et d'étudier avec lui. J'étais alors un jeune homme, juste 17 ou 18 ans, et je ne parlais pas un mot d'anglais. En ce temps-là j'étais moi-même un étudiant…

A chaque fois que Lama Ole me rendait visite, il me disait toujours à quel point c'était merveilleux pour lui d'avoir tout

---

154 資料來源：

　　http://stagestantra17.e-monsite.com/rubrique,le-tantra-dans-le-boudd
　　hisme,1098957.html

appris à propos de la pratique de l'union tantrique reçue de Kalu Rinpoche et de Tenga Rinpoche. Il disait que c'était simplement merveilleux. Meme si je ne pouvais pas comprendre l'anglais et qu'il ne parlait pas encore très bien le tibétain, je comprenais des mots comme: "dewa chenpo" ("grande extase") et "yabyum" ("homme/femme"), termes employés pour les déités dans l'union et la pratique de l'union, qu'il disait pendant qu'il croisait ses bras devant sa poitrine dans la position de l'union. . Ensuite il serrerait Hannah dans ses bras en même temps. De cette façon il combinait le mode de vie hippie et avec la conduite tantrique...

...En effet la fascination de Lama Ole pour la sexualité tantrique n'est pas exceptionnelle, la plupart des hippies qui furent intéressés par le Bouddhisme l'ont vraiment apprécié. En regard à cela, il n'est pas différent d'eux, il a simplement parlé de ce sujet à voix plus haute que la plupart des gens. Les Lamas Kagyupa ont enseignés aux hippies le plus possible à propos de la pratique Yabyum. Bien sur, ils l'ont enseignée selon les traditions tantriques anciennes et les hippies occidentaux ont compris que c'était une façon de tourner leurs désirs et habitudes sexuels en une sexualité qui ait un sens plus profond.

En1980 je suis allé aux Etats-Unis, mon premier séjour dans un pays occidental. C'est alors que j'ai su combien le

Vajrayana est promu dans les pays occidentaux. J'en ai conclu que Chogyam Trungpa Rinpoche et Kalu Rinpoche était les premiers responsables pour avoir introduit les pratiques de l'union tantrique aux occidentaux. D'après moi, la philosophie de Chogyam Trungpa Rinpoche à propos des occidentaux est la suivante: ils sont hautement motivés par les désirs sexuels, vivant ainsi dans un monde de désir sexuel. A cause de cela, il a vu le tantra comme étant une pratique qui leur convenait. Quand Kalu Rinpoche a enseigné la pratique de l'union aux occidentaux, il leur a enseigné que c'était une tradition Tibétaine qu'il avait enseigné dans le Tibet de la meme façon. En outre, Kalu Rinpoche avait suivi un très haut apprentissage des enseignements tantriques. Ces deux grands personnages ont très fortement promu le Tantra en occident.

En conséquence de leurs efforts, la pratique tantrique est devenue très réputée aux Etats-Unis, au Canada et en Europe". (…)

附錄三

Tantric Sex in Tibet[155]

Tibetan Buddhism incorporates Tantric rites which include strange forms of "sexual piety." During certain ceremonies monks reportedly hug statues of gargoyle-like demons and mother-father spirits known as yabyum and then ejaculate on them. Erotic sculptures in Tibetan monasteries show women having sex with oxen...

Sex is regarded by Tantrics as a method to reach enlightenment. When practiced by a skilled monk it can induce a state of "inner bliss that is free of desire." To achieve this monks are supposed of spend 24 years studying in a monastery first.

Judy Kuriansky is an American Tantric sex teacher and the promoter of the philosophy of "enlightenment through better sex." In her classes on how to achieve multiple total-body orgasms...

There have been some allegations that senior Tibetan monks have sexually abused young boys. On this issue a spokesman for the Dalai Lama told National Geographic, "There may have been some instances, but it was never widespread."

---

155 資料來源：

http://factsanddetails.com/china.php?itemid=213&catid=6&subcatid=35#12

附錄四

Tibetan Buddhism, Kama Sutra, and Tantric Sex[156]

Tantra, by that name, derives from Vedic/Hindu religions, and was most common in Northern India, although it became mixed together with Southern Indian local religions such as the worship of Kali.

A strange offshoot of it – is in the Tibetan mixed-religion sometimes called Tibetan Buddhism, but also referred to as Tibetan Lamaism…

…you have these big Buddhist tankas (religious paintings) showing the 108 Bodhisatvas…and each of these 108 Bodhisatvas is shown with a naked woman, his shakti, in his lap having sex with him…

Tibetan Buddhists, who are, more properly speaking, practicing a Buddhist veneer over their native nature-sex religion, have come up with ways of allowing the Buddhist search for "nothingness" and the "absence of desire" to meld with their earlier sex-worship religion.

---

156 資料來源：

http://www.chinaexpat.com/2007/03/26/tibetan-buddhism-kama-sutr a-and-tantric-sex.html/

The way it used to work (pre-Chinese Communist invasion, of course) was that they would take young male candidates for the monastery at about the age of 17 and give them a good two years training in Tantric sex with a female teacher (generally a woman in her 30s or 40s, who taught many men – nice work if you can get it) and then they gradually weaned them from actual physical sex into spiritual sex, so that they could experience the same sort of sexual-spiritual bliss through imaginative meditation...

Either way, the practice of tantric sex – and the gradual substituting of physical sex for achieving a mental state of orgasm – nirvana – still lives on and is practiced by many followers in the West, Sting and Richard Gere being just two examples, as well as a few, carefully secretive, monks in remote Tibetan monasteries.

附錄五

I was a Tantric sex slave[157]

For years June Campbell was the 'consort' of a senior Tibetan Buddhist monk. She was threatened with death if she broke her vow of secrecy. But then enlightenment can be like that.

The Independent - 10 February, 1999 - Paul Vallely

Feet of clay? No, it was a different part of the anatomy - and of all too fleshly substance- which caused the trouble. But, I suppose, you don't expect Tantric sex to be a straightforward activity. Then again, sex of any kind isn't really what you're planning when you become a celibate nun.

It was, said June Campbell as she began her lecture, only the second time she had been asked to give a talk to a Buddhist group in this country since her book, Traveller in Space, came out three years ago. Small wonder, The topic of her talk was "Dissent in Spiritual Communities", and you don't get much more potent types of dissent than hers. For she not only revealed that she had for years been the secret sexual consort of one of the most holy monks in Tibetan Buddhism - the

---

157 資料來源：

http://www.independent.co.uk/arts-entertainment/i-was-a-tantric-sex-slave-1069859.html

tulku (re-incarnated lama), Kalu Rinpoche. She also insisted that the abuse of power at the heart of the relationship exposed a flaw at the very heart of Tibetan Buddhism.

This was heresy, indeed. To outsiders, the Rinpoche was one of the most revered yogi-lamas in exile outside Tibet. As abbot of his own monastery, he had taken vows of celibacy and was celebrated for having spent 14 years in solitary retreat. Among his students were the highest-ranking lamas in Tibet. "His own status, was unquestioned in the Tibetan community," said Ms. Campbell, "and his holiness attested to by all."

The inner circles of the world of Tibetan Buddhism - for all its spread in fashionable circles in the West - is a closed and tight one. Her claims, though made in a restrained way in the context of a deeply academic book subtitled "In Search of Female Identity in Tibetan Buddhism", provoked what she described as a primitive outpouring of rage and fury. "I was reviled as a liar or a demon," she said during a public lecture last week at the non-sectarian College for Buddhist Studies in Sharpham, Devon. "In that world he was a saintly figure. It was like claiming that Mother Teresa was involved in making porn movies".

But it was not fear of the response which made her wait a full 18 years before publishing her revelations in a volume entitled Traveller in Space - a translation of dakini, the rather poetic Tibetan word for a woman used by a lama for sex. It took her that long to get over the trauma of the experience. "I spent 11 years without talking about it and then, when I had decided to write about it, another seven years researching. I wanted to weave together my personal experience with a more theoretical understanding of the role of women in Tibetan society to help me make sense of what had happened to me."

What happened was that, having become a Buddhist in her native Scotland in the hippie Sixties, she travelled to India where she became a nun. She spent 10 years in a Tibetan monastery and penetrated more deeply than any other Westerner into the faith's esoteric hierarchy. Eventually she became personal translator to the guru as, during the Seventies, he travelled through Europe and America. It was after that, she said, that "he requested that I become his sexual consort and take part in secret activities with him".

Only one other person knew of the relationship - a second monk - with whom she took part in what she described as a polyandrous Tibetan-style relationship. "It was some years before I realised that the extent to which I had been taken advantage of constituted a kind of abuse."

The practice of Tantric sex is more ancient than Buddhism.

The idea goes back to the ancient Hindus who believed that the retention of semen during intercourse increased sexual pleasure and made men live longer. The Tibetan Buddhists developed the belief that enlightenment could be accelerated by the decision "to enlist the passions in one's religious practice, rather than to avoid them". The strategy is considered extremely risky yet so efficacious that it could lead to enlightenment in one lifetime.

Monks of a lower status confined themselves to visualising an imaginary sexual relationship during meditation. But, her book sets out, the "masters" reach a point where they decide that they can engage in sex without being tainted by it. The instructions in the so-called "secret" texts spell out the methods which enable the man to control the flow of semen through yogic breath control and other practices. The idea is to "drive the semen upwards, along the spine, and into the head". The more semen in a man's head, the stronger intellectually and spiritually he is thought to be.

More than that, he is said to gain additional strength from absorbing the woman's sexual fluids at the same time as withholding his own. This "reverse of ordinary sex", said June Campbell, "expresses the relative status of the male and female within the ritual, for it signals the power flowing from the woman to the man".

The imbalance is underscored by the insistence by such guru-lamas that their sexual consorts must remain secret, allowing the lamas to maintain control over the women."Since the book was published, I`ve had letters from women all over the world with similar and worse experiences."

So why did she stay for almost three years? "Personal prestige. The women believe that they too are special and holy. They are entering sacred space. It produces good karma for future lives, and is a test of faith."

The combination of religion, sex, power and secrecy can have a potent effect. It creates the Catch 22 of psychological blackmail set out in the words of another lama, Beru Kyhentze Rinpoche： "If your guru acts in a seemingly unenlightened manner and you feel it would be hypocritical to think him a Buddha, you should remember that your own opinions are unreliable and the apparent faults you see may only be a reflection of your own deluded state of mind...If your guru acted in a completely perfect manner he would be inaccessible and you would not[158] be able to relate to him. It is therefore out of your Guru's great compassion that he may show apparent flaws... He is mirroring your own faults".

The psychological pressure is often increased by making the

---

158 譯案：英國獨立報原稿裡沒有 "not"，不過顯然是打字排版時漏掉了，本書中文翻譯有正確的將 not 翻譯出來。

woman swear vows of secrecy. In addition, June Campbell was told that "madness, trouble or even death" could follow if she did not keep silent.

"I was told that in a previous life the lama I was involved with had had a mistress who caused him some trouble, and in order to get rid of her he cast a spell which caused her illness, later resulting in her death.

There are those Buddhists, like Martine Batchelor - who spent 10 years as a Zen Buddhist nun in a Korean monastery and who now teaches at Sharpham College - who insist the religious techniques the Buddha taught can be separated from the sexist, patriarchal and oppressive culture of many Buddhist countries. But June Campbell is not convinced.

"You have to ask what is the relationship between belief and how a society structures itself," she said. In Tibetanism, power lies in the hands of men who had often been traumatised by being removed from their mother at the age of two and taken to an all-male monastery. "Some were allowed visits from their mothers and sisters but always in secrecy - so that they came to associate women with what must be hidden".

But there is more to it, she believes, than that. Teaching at Sharpham last week she gave the students a whole range of material about different kinds of feminism - from the political to the psychotherapeutic. She then asked them how it relates to the fact that there are no female Buddha images, or to why in Tantric sex images the woman always has her back to the viewer, or to why Buddhist women are told to pray that they will be reborn into a male body in their next life - for only in a man's body can they attain full enlightenment.

"Once I started unravelling my experiences, I began to question everything," she said. That meant not just the actions of a particular guru, but the very idea of the guru. She began to wonder whether the Tantra was just a fantasy, and whether there is really any difference between Tantric sex and ordinary sex. She questioned the very concept of enlightenment itself and the practice of meditation. "I realised that in order to be myself I had to leave it all - completely and utterly."

附錄六

Child Abuse In Sri Lanka By Buddhist Monks[159]

Mon, 2005-03-28 20：50 — Chandra

* Human Rights

Child Abuse In Sri Lanka[160]

On my last visit to Sri Lanka on December 2004 in the southern part of Sri Lanka I came to know that children under age of 7 are forced to join the Buddhist monasteries and temples. Child sexual abuse is very high in these Buddhist temples because they use these children as outlets to meet their sexual appetite. No one dare to question them as Buddhist religion is the state religion in Sri Lanka.

---

159 http://www.asiantribune.com/child-abuse-sri-lanka-buddhist-monks
160 原文全部使用大寫英文字母，為方便讀者閱讀，故以一般約定俗成的方式呈現。

附錄七

Best-selling Buddhist author accused of sexual abuse[161]

$10 million civil suit filed in Santa Cruz by a woman who says Sogyal Rinpoche, author of the *Tibetan Book of Living and Dying,* "coerced" her into an intimate relationship

By Don Lattin

Special to the *Free Press*

Thu Nov 10 22:57:55 PST 1994

SAN FRANCISCO -- With the blessings of the Dalai Lama, a group of American Buddhist women have launched a campaign to expose the alleged sexual misconduct of a prominent Tibetan lama and best-selling author.

Sogyal Rinpoche, author of the *Tibetan Book of Living and Dying,* is accused of "physical, mental and sexual abuse" in a $10 million civil suit filed last week in Santa Cruz County Superior Court.

---

161 資料來源：

http://www.well.com/conf/media/SF_Free_Press/nov11/SF_Free_Press.htm

http://www.well.com/conf/media/SF_Free_Press/index.html

http://www.well.com/conf/media/SF_Free_Press/nov11/guru.html

According to the lawsuit, an anonymous woman identified only as "Janice Doe" came to Rinpoche for spiritual guidance last year at a retreat sponsored by the Rigpa Fellowship meditation center in Santa Cruz, but was "coerced into an intimate relationship" with the Tibetan guru.

"Sogyal claimed (she) would be strengthened and healed by having sex with him and that to be hit by a lama was a blessing," the lawsuit states.

The suit -- which accuses Rinpoche of fraud, assault and battery, infliction of emotional distress and breach of fiduciary duty -- also charges that the Tibetan lama has "seduced many other female students for his own sexual gratification."

Sandra Pawula, spokeswoman for the Rigpa Fellowship of Santa Cruz, one of many meditation centers in the United States, Europe and Australia, declined to comment about the allegations, but said that Rinpoche is not married and does not claim to be a celibate monk. Rinpoche, who lives abroad, could not be reached for comment. The lawsuit follows a letter-writing campaign to the Dalai Lama by American women concerned about alleged sexual exploitation by Rinpoche and several lesser-known Tibetan lamas.

"What some of these students have experienced is terrible and most unfortunate," said Tenzin Geyche Tethong, the Dharamsala-based secretary to the Dalai Lama.

In a letter sent earlier this year to one of the women, Tethong said Tibetan Buddhist leaders "have been aware of these (allegations) for some years now."

Jack Kornfield, founder of Spirit Rock Meditation Center in Marin County, was among a group of two dozen Western teachers who discussed the sexual misconduct of Buddhist teachers with the Dalai Lama last year in India.

According to Kornfield, the Tibetan Buddhist leader told the Americans to "always let people know when things are wrong. Put it in the newspapers if you must do so."

Another woman allegedly abused by Rinpoche, Victoria Barlow of New York City, said she is "disgusted by the way the Tibetans have manipulated the reverence Westerners have for the Buddhist path."

Barlow, 40, said she first met Rinpoche in the mid-1970s, when she was 21, and that she was sexually exploited by him during meditation retreats in New York and Berkeley.

"I went to an apartment to see a highly esteemed lama and discuss religion," she said in an interview with the *Free Press*.

"He opened the door without a shirt on and with a beer in his hand."

Once they were on the sofa, Barlow said, the Tibetan "lunged at me with sloppy kisses and groping."

"I thought I should take it as the deepest compliment that he was interested and basically surrender to him," she said.

Sources say the Tibetan Buddhists were trying to handle this issue within their community but decided, especially after the Dalai Lama made the comment about going to the press, to go public now.

"The Dalai Lama has known about this for years and done nothing. There is a real code of secrecy and silence," said Barlow.

附錄八

Buddhist Sect Alarmed By Reports That Leader Kept His AIDS A Secret[162]

by John Dart

Los Angeles Times, March 3, 1989

The biggest branch of Tibetan Buddhism in America has been stunned with reports that its spiritual leader, whose homosexual activity was known to the movement's insiders, has been infected with the AIDS virus since 1985 but did not acknowledge the problem until last December when a companion was also found to be infected. Called by one official a "tragic catastrophe" in ethics, the scandal surrounding Ozel Tendzin, 45, American-born regent of the international Vajradhatu Buddhist organization, has been compounded by his recent decision to resume teaching and ceremonial duties in defiance of a request by the movement's board.

On Retreat in La Jolla

---

162 這篇報導的 *Los Angeles Times* 的報紙網頁：

http://articles.latimes.com/keyword/ozel-tendzin

http://articles.latimes.com/1989-03-03/news/mn-245_1_american-buddhist

全文資料來源：http://www.american-buddha.com/sect.alarmed.htm

xxiii ·

Tendzin went on retreat early this month at a private residence in La Jolla. Though he described his situation in special mid-December meetings at Berkeley and Los Angeles, several members said he was vague about his condition and why he did not alert others.

Sources close to senior officials of the sect confirmed in interviews that a male companion of Tendzin and a woman friend of the young man have tested positive for the AIDS virus.

"All we know is who slept with whom and that all three have tested positive for HIV," said one source, referring to the human immunodeficiency virus that leads to AIDS.

Some knowledgeable sect members are outraged by the situation. Lisa Goldblatt, coordinator of the Portland, Ore., study group and a board member of an Oregon AIDS coalition, wrote to other Vajradhatu leaders Dec. 31 that a "grave mistake" was made in not informing the organization about the regent's condition.

"The results of this situation--a tragic catastrophe--are that individuals have been infected and will die. Our community is seriously injured and even the dharma (Buddhist teaching) in the West has been marred," Goldblatt said in a letter.

Membership of 3,500

"All this would not have happened if the regent or his colleagues had informed our sangha (community) in 1985, which was the only responsible action to take. That the regent has AIDS is tragic," she wrote.

The Vajradhatu network of about 35 meditation centers in North America and Europe has about 3,500 members. It was founded in 1970 in Boulder, Colo., by the Venerable Chogyam Trungpa Rinpoche, who named Tendzin as his successor before he died in 1987.

Though rather traditional in doctrinal teaching, the two leaders were not celibate monks as is common in Tibetan and other Buddhist branches. Both Trungpa and Tendzin married but engaged in other sexual liaisons--a practice that is not considered immoral in the organization.

The Vajradhatu movement has been influential in the spread of Buddhism among Caucasians. It was a principal founder of the fledgling American Buddhist Congress and also publishes a newspaper read widely by Buddhists and edited in Boulder by Rick Fields, a popular historian of U.S. Buddhism.

In its latest, long-delayed issue, the Vajradhatu Sun newspaper depicts a transparent broken heart drawn over the sect's logo--symbolizing the disorder and impasse evident in the organization. Accompanying the drawing was a statement, which one reader called "pathetic," that the regent and the board have prohibited the newspaper from reporting on its dilemma.

Tendzin went into retreat without responding to the request by the Vajradhatu board to withdraw from duties for an indefinite period.

Vajradhatu is part of the India-based Kagyu tradition--one of four wings --of Tibetan Buddhism. The regents of Kagyu had also advised Tendzin to withdraw for the sake of harmony and avoiding "negativity" toward Buddhism, according to a Vajradhatu board document dated Jan. 10.

Not Attended by Physician

Tendzin, at times said to be "very sick," apparently has hoped he could improve his health while on retreat. The San Francisco Chronicle and the Boulder Camera quoted from a Jan. 17 letter the newspapers said Tendzin wrote to his followers, saying, "In working with disease, dharma (Buddhist teaching) is the best medicine."

A one-time disciple of Trungpa Rinpoche who is close to senior Vajradhatu officials said he was told Tendzin is being attended by specialists in "the healing arts" but no medical doctor. A board member confirmed that no physician is with Tendzin but declined to elaborate or say where in La Jolla the regent is staying.

In his Jan. 17 letter, Tendzin was oblique about his culpability, referring to the "faults of myself and other s..." The Chronicle said a person who was at the Berkeley meeting with Tendzin said the regent apologized for his ignorance, saying that "he somehow believed that he and the people in contact with him were protected from AIDS."

In telephone calls last week to various leaders, Tendzin said that after he ends his three-month retreat, he will resume teaching and perform the abhisheka ceremony. That "empowerment" rite, in which advanced students are said to get a glimpse of the "enlightened" mind, is scheduled May 16 at the organization's contemplative center near Barnet, Vt.

'A Painful Point'

If Tendzin does insist on doing the ceremony, "that would force things to a painful point," said an influential figure in the organization who spoke on the condition of anonymity. "Some people on the board hoped it would be a long leave," he said.

The Vajradhatu board, based in Halifax, Nova Scotia, has declined to say what its next step will be. It has repeatedly refused to confirm or deny that Tendzin has a health problem, citing in a statement Friday that "overriding principles of medical confidentiality" were at stake.

Speaking in general terms the statement also said, "Although there have been a few cases of HIV infection among our worldwide membership, the number of cases is in fact lower than would be expected" in a group of its size. Members who fear they are at risk were advised to be tested for the virus, the statement said.

Board member Martin Janowitz, in a telephone interview, denied speculation within the movement that the board fears it may be held liable for Tendzin's actions. He said there was no concern, despite the $21.75-million award this month by a Los Angeles jury to Marc Christian, a lover of Rock Hudson who said the late actor did not tell him he was dying of AIDS.

Tendzin, who was born Thomas F. Rich in Passaic, N.J., has a wife and children living in Halifax, officials said.

"I know that he made love to men and women outside of wedlock," said an East Coast source. A Los Angeles center member who did not want to be identified said, "(Tendzin's) bisexuality has been considered an open secret for as long as I've known him, since 1974." Another Los Angeles member, interviewed separately, concurred: "It is fairly common knowledge that he has had homosexual relations."

Yet, homosexual relations are not the issue, said board member Janowitz. "We don't have a view within our religion of moral or immoral sexual practices. We don't view, as do some other religions, homosexual relations as any kind of sin," he said. "If anyone has AIDS, our concern would be for their health."

Show Compassion

Many officials in the organization, reluctant to comment at all, mostly say they want to show Buddhist compassion to Tendzin and preserve the unity of the community.

"His actions have caused a lot of pain, chaos and confusion. (But) people are working with the situation and practicing more than ever now," said Marcy Fink, a Vajradhatu representative in Los Angeles. "There is a lot of chaos, and it would be silly to deny it." She added that none of the 100 members of the Los Angeles center have quit.

Some Vajradhatu members, however, have sought the counsel of the Buddhist AIDS Project in Los Angeles. Recent events "have caused a great deal of pain and questioning for many people," Steve Peskind and Ken McLeod, the project's coordinator and spiritual adviser, respectively, said in a joint statement.

CAPTION: Photo: Ozel Tendzin, regent of the Vajradhatu International Buddhist Church, has been on retreat since the surfacing of reports that he has tested positive for AIDS virus. A translucent heart, below, was superimposed over logo of sect's newspaper, Vajradhatu Sun, to symbolize sadness and turmoil from revelations that Tendzin has AIDS, may have infected others and intends to defy wishes of other leaders by returning to leadership activities. The newspaper has been prevented from reporting on the situation.

附錄九

Joe Orso: Lama Ole: Buddhist teacher or charlatan?[163]

......So back to Lama Ole Nydahl, the curious figure who lectured for two hours Wednesday evening.

The 68-year-old man comes from Denmark, said his Diamond Way Buddhism has 600 centers around the world, and is better known in Europe than the United States. About 80 of his followers, many from Europe, were in La Crosse and are following him on his lecture tour in this country.

So is what he taught Buddhism?

In the past several years, I have found it a common experience that whenever Nydahl's Diamond Way Buddhism, which has a La Crosse center, comes up in conversation with other Buddhist practitioners, people question its validity. And some of these people have described Nydahl as a charlatan.

Unfortunately, his visit here supported this view — at least for me.

---

163 資料來源：La Crosse Tribune
http://lacrossetribune.com/news/local/article_bc6ed916-d197-11de-8 5b7-001cc4c002e0.html

While some of what came out of his mouth fell within the framework of Buddhism — like words about suffering and emptiness — his ideas were more confusing than enlightening, and by the end of his lecture he was losing something like an audience member a minute.

To be fair, Nydahl was aware of his poor performance, which included pounding coffee, taking pills and leaving the stage for a bathroom break. He blamed it on jet lag, although he still found enough energy to join his students at a downtown bar afterwards.

But even if he was just having a bad night, there is a more deeply disturbing aspect to the Nydahl phenomenon.

When I asked him the next day about claims that he has sexual encounters with his students, he didn't deny this

"There's no teacher-student relationship involved in that," he said by phone. "They're Diamond Way Buddhists, but they're not my students in that moment. They're equal partners."

......And it should be said that Nydahl is connected to a lineage in Tibetan Buddhism.

As Matthew T. Kapstein, Numata visiting professor of Buddhist studies at The University of Chicago Divinity School, e-mailed me: "Ole has a genuine relation with the Kagyu School of Tibetan Buddhism, so he's not quite a charlatan. However, he has his own interpretation and style, which do not accord closely with traditional practice among the Kagyu." ......

附錄十

喇嘛教教主蓮花生譚崔**性交**六十四式內容：

雙運遊戲基本爲八，八中各八，成六十四式。初基本八者：一、近狎，二、胭合，三、指弄，四、齒玩，五、蓮戲，六、聲韻，七、肉感，八、顛鸞。

一、近狎者，分八：1 始覷其面，生歡喜心，二人同行，身分偶觸，此名竊玉。2 按摩其乳，此名推就。3 柔語偎傍，此名牽性。4 貼近按撫，唇舌互嚙，此名意惹。5 以手勾緊其頸，狂吻出聲，此名籐纏。6 起立以足踏其足背二足，拘抱其腰，手攀其頸，而呫其唇，此名摘櫻。7 同眠互襯互抱腰，此名契入。8 杵入蓮宮，此名水乳。

二、胭合者，於八處相吻：口、喉、乳、脇、腰、鼻、顴骨、蓮花，八處也。

三、指弄者，八種爲令淫盛而豎其毛孔故：1 唇乳等處輕細畫之，唯現細紋一痕，此名藕絲。2 用指略深入乳喉等處令現曲形紋，此名半月。3 彼身發癢，羞態搖動不定，以五指齊按之，此名壇城。4 於臍孔、尾脊骨處以手畫之，此名纏綿。5 於前等處斜欹畫紋，此名輕紗。6 乳背及地角下，以十字杵畫紋，此名羯摩。7 乳等處，以五指甲印之，名曰梅花。8 乳等處蓮花瓣形而畫紋，此名小蓮。

四、齒玩者：1 貪心生起，面色極鮮紅，此名春色。2 從彼唇以齒輕印，此名點絳。3 於彼頤上以唇與齒

相合而齧，此名珊瑚。4面頰齒鬘顯現，名曰笑靨。5僅如獠牙，以一、二齒相咬，此名明點。6於腰間、喉、眉、面以齒連印痕，名曰珠鬘。7如虛空雲，無有定處，於乳、背等處散印齒痕，此名燦雲。8脇下以指甲畫後，以齒印之，此名蓮珠；總之，為起如雀如驟貪心歡樂，於其易發癢處，如耳下、頸間、脇下、乳上、密蓮中、腰背間，以齒及指畫印並行為妙。

五、蓮戲分八：1腹貼近杵，斜彈蓮面諸瓣，此名吐浪。2手握杵根，以另半納蓮宮，此名輕挑。3女伸足仰睡，男杵如插蒲巴，直下而住，此名深契。4女歡喜稍為抽擲，復深入不動，此名半就。5突入突出，此名啼笑。6數淺一深，互換而行，此名醉酒。7上下互動，此名默契。8初漸入一半，次一半突然深入，此名滿願。

六、聲韻（明妃叫床之聲）分八：如泣、如嘆、如息、如吟、如阿娃打、如哇拉阿打、如小解脫、如阿哇爵哇，依次（依順序為）如鴿、如杜鵑、如哈里打、如鴛鴦、如蜜蜂、如鵝、如春鳥、如巴哇嫁，皆從腹中出聲（皆是從腹中直接出聲，而非造作之由口表演出聲）。

七、肉感分八：與膪合相同，特於拳、掌、肘、腰、面等處，以手按摩如前，八種聲韻任何一種生起，即是貪相，必生大樂，如其口所生氣甚冷，當久按之，必能生樂。

八、顛鸞：男身肥大，女不能受重壓，則顛倒以御，女

當如男，如下而行：1騰挪快行名曰跑。2久住慢出名曰按。3腿相糾纏，女腹如轉輪，名曰輾。4男腿踵相纏，男從下略動，名曰篩。5男人休息名曰坦。6男全不動，女慢慢行，名曰梭。7男手足伸直名曰醉。8女背向我而坐，上行，名曰嬌。此上六十四式隨欲而行，以契空樂（以上六十四種姿勢，隨自己之喜好而行之，藉以契合空樂）。……

大樂引導門摘錄十六式：蓮中脈種性不同，當知各式方便；大要爲四，支分十六：1金剛種者，父抱母頸，母抱父腰，杵上下穿插，脈在花左方出現。2蓮花種者，女仰臥，高枕其頸，女足置女肩，父從下抱緊而行，脈或上方、或下方出現。3 具獸種者，母足置父手灣內，父抱其腰下而行，脈從左右而來。4 大象種者，母足在父乳上伸，父一足灣抱母，一足伸，手抱母下部，脈在蓮花中心出現。特別以杵在女上行秘密拳法者，則以杵於蓮面上（於陰戶表面上）輕輕彈打，其後插入，隨在何處皆可得脈；得已，承辦事業者，脈細長爲上品，短粗當未開口，以紅色花（原註：藏名鳥取者），□□（藏文植物名，意不詳）之根，紅蜂糖、牛乳冷塊、白狗杵（白狗之陽具）、當歸、□□□□（藏文植物名，意不詳）、管仲、花椒、硃砂、羊乳，塗杵（塗於陰莖而後交合）可開其口（可打開明妃之海螺脈口）。

(引自陳健民著，徐芹庭編《曲肱齋全集》（三），普賢錄音有聲出版社，80 年 7 月 10 日出版，頁 596-600。)

附錄十一

參考書目：

- 達賴喇嘛著，《慈悲與智見》，羅桑嘉措——西藏兒童之家，1997 年 3 月修版三刷。

- 達賴喇嘛著，鄭振煌譯，《達賴喇嘛在哈佛》，立緒文化事業有限公司，93 年 12 月初版二刷。

- 達賴喇嘛，《喜樂與空無》，唵阿吽出版社，87 年 1 版 1 刷。

- 達賴喇嘛著，楊書婷、姚怡平譯，《心與夢的解析》，大是文化有限公司，2008 年 9 月 2 日初版。

- 達賴喇嘛著，丁乃竺譯，《達賴生死書》，天下雜誌股份有限公司，2004 年 12 月 20 日第一版第十二次印行。

- 達賴喇嘛著，丁乃竺譯，《修行的第一堂課》，先覺出版股份有限公司，2003 年 5 月初版 7 刷。

- 達賴‧喇嘛十四世著/黃啓霖譯，《圓滿之愛》，時報文化出版企業有限公司，80 年 9 月 1 日初版一刷。

- 第十四世達賴喇嘛著，陳琴富譯，《藏傳佛教世界——西藏佛教的哲學與實踐》，立緒文化 93 年 10 月初版八刷。

- 第十四世達賴喇嘛講述，《迎向和平》，慧炬出版社出版,達賴喇嘛西藏基金會印贈〈免費結緣〉，2002/7 初版第二刷。

- 達賴喇嘛文集（3）——達賴喇嘛著，鄭振煌譯，《西

藏佛教的修行道》，慧炬出版社，90 年 3 月初版一刷。

● 杰瑞米·海華、法蘭西斯可·瓦瑞拉編著：靳文穎譯，《揭開心智的奧秘》，眾生文化出版有限公司，1996 年 6 月 30 日初版。

● 理成紀錄，〈達賴喇嘛和中國佛教訪問團之問答〉，達香寺法訊〈利生〉，中華民國八十七年元月刊（27期），第二版。

● 奧修著，《瞭解性、超越性─從性到超意識》奧修心靈系列 59，奧修出版社。ISBN 書號 9578693648

● 古子文，〈實地訪問不丹佛母：朱巴·基米雅〉，http://www.a202.idv.tw/a202-big5/Book6002/Book6002-0-18.htm

● 清朝乾隆〈喇嘛說〉。

● 更敦群培著，陳琴富中譯，《西藏慾經》〈中文版序〉，大辣出版，2003 年 12 月，出版 10 刷。

● 例如 2006 年 06 月 13 日〈蘋果日報〉頭條〈踢爆 20 男女集體交合──激情瑜伽侵台 學者痛批淫亂〉資料來源：http://tw.nextmedia.com/applenews/article/art_id/2675950/IssueID/20060613

● 2010 年 12 月 15 日《自由時報》

● 李冀誠、顧綬康編著的《西藏佛教密宗藝術》，外文出版社（北京），1991 年第一版。

● 馮玉祥著，《馮玉祥將軍自傳─我的生活》第三本。

- 道然巴羅布倉桑布講述，盧以炤筆錄，《那洛六法》，晨曦文化公司 1994 年 8 月初版。

- 易孟醇編輯，《蔣經國自述》〈新的青海〉，湖南人民出版社，1988 年 9 月第一版第一刷。

- 更朗仁巴羅桑蔣貝丹增 傳授，丹增卓津漢譯，《吉祥時輪六座上師瑜伽念修教授》，盤逸有限公司，2008 年 2 月出版。

- 宗喀巴著，法尊法師譯，《密宗道次第廣論》，妙吉祥出版社，1986 年 6 月初版。

- 陳健民著，徐芹庭編，《曲肱齋全集》（一），普賢錄音有聲出版社，80 年 7 月 10 日出版。

- 陳健民著，徐芹庭編，《曲肱齋全集》（三），普賢錄音有聲出版社，80 年 7 月 10 日出版。

- The XIV Daili Lama,'Deity Yoga: In Action and Performance Tantra', Snow Lion Publications, NY, 1981.

- The XIV Dalai Lama, 'Kalachakra Tantra: Rite of Initiation', Wisdom Publications, Boston, 1999.

- The XIV Dalai Lama, 'Kindness, Clarity, & Insight', Snow Lion Publications, 2006.

附錄十二

A　喇嘛譚崔性交雙身像

藏傳佛教（喇嘛教）的每一尊菩薩的大腿上都抱著一位裸體的女
人——也就是他的佛母，正與他進行**性交**。也就是信喇嘛教者，
未來這些法王、喇嘛、活佛就是與您的女性眷屬進行這樣的譚
崔**性交**修行，這就是「喇嘛性世界」的標準圖騰。

當您的妻子與喇嘛、上師、活佛沈溺於這樣的「性世界」中修譚崔**性交**，您難道不是綠帽罩頂的丈夫嗎？您還得要大把大把的鈔票供養喇嘛，這是情何以堪！因此，支持妻子追隨達賴喇嘛「藏傳佛教」修行，最後必然會是這樣的結果。

喇嘛們常常發生性醜聞,常常得到性病的原因,就是「藏傳佛教」
的教義本質乃是以**性交**爲修行核心的宗教,美其名爲男女雙修
無上瑜伽、大樂光明。

從這個密宗喇嘛教的雙身「佛像」，就知道喇嘛上師根本就是生活在**性慾的世界**裡，這就是喇嘛性世界中的男女雙修**性交**圖；若這個女性是您的家人，您該怎麼辦呢？

藏傳佛教（喇嘛教）的雙身法**性交**像，這些喇嘛性世界的上師活
佛，就是與您的女性眷屬這樣合修無上瑜伽、大樂光明；他們有時
坐姿進行，有時立姿**性交**，您就這樣被喇嘛們暗中戴上了綠帽子。

B 喇嘛生殖崇拜性圖騰

西藏密宗藏傳「佛教」的寺院門口公開展示的生殖崇拜圖騰——
男女性器官，顯示密宗所弘揚的從來都是取自印度教的男女性
交追求淫樂的雙身法，上圖爲男性（金剛），下圖爲女性（蓮花）。
圖片引用自：http://www.xzta.gov.cn/rwxz/zjw

C　喇嘛寺院雙身像揭密

這是安置於中國大陸西安廣仁寺供奉喇嘛教的男女性交像,一般的時間這個雙身像乃是蓋上遮羞布,用來遮掩其修雙身法的本質(左圖),但是取下遮羞布以後就顯現其男女性器官結合的雙身法性交實況(右圖)。2009/12/3、2010/4/8 拍攝。

沈阳北塔护国法轮寺
2009-12-13 14:23

這是另外一個修譚崔性交雙身法的喇嘛教寺院——中國瀋陽的
北塔護國法輪寺，這就是其所弘揚密宗無上瑜伽男女性交的雙
身像，男女立式性交公開展示在大殿中。拍攝日期：2009/12/13。

許多信受或修學藏傳佛教（喇嘛教）的寺院中，都暗中供奉**性交**雙身像；因為以達賴為首的藏傳「佛教」本質，就是源自印度性力派的生殖崇拜「假佛教」，他們沈溺於「喇嘛性世界」中，目的就是要與天下所有女人性交，達到「樂空雙運」，喇嘛口中的「慈悲、博愛」只是謀取免費**性交**的藉口。

D 喇嘛性醜聞媒體報導

多名女信眾跟尼姑昨日在台北市議員陪同下舉行記者會，控訴來自中國名為「林喇仁波切」的喇嘛，八年來不僅性侵多名女性，同時更假借募款名義詐財。

2006.07.15 新聞圖片（記者趙世勳攝）

林喇仁波切是來自中國四川省甘孜藏族自治州德格縣佐欽寺的住持

藏傳「佛教」林喇仁波切，於 2007 年 7 月 24 日自由時報 B3
版面，報導其性侵新聞，而此喇嘛快速逃離台灣。密宗最初
宣稱他是假喇嘛，後來被證明是大陸密宗某聞名寺院的住持
以後，改口稱爲「偶發事件」。

貝瑪千貝喇嘛與女信徒被捉姦在床，
原始畫面擷取自 TVBS 新聞台及蘋果日報。

佛教正覺同修會〈修學佛道次第表〉

第一階段
* 以憶佛及拜佛方式修習動中定力。
* 學第一義佛法及禪法知見。
* 無相拜佛功夫成就。
* 具備一念相續功夫──動靜中皆能看話頭。
* 努力培植福德資糧，勤修三福淨業。

第二階段
* 參話頭，參公案。
* 開悟明心，一片悟境。
* 鍛鍊功夫求見佛性。
* 眼見佛性〈餘五根亦如是〉親見世界如幻，成就如幻觀。
* 學習禪門差別智。
* 深入第一義經典。
* 修除性障及隨分修學禪定。
* 修證十行位陽焰觀。

第三階段
* 學一切種智真實正理──楞伽經、解深密經、成唯識論……。
* 參究末後句。
* 解悟末後句。
* 透牢關──親自體驗所悟末後句境界，親見實相，無得無失。
* 救護一切眾生迴向正道。護持了義正法，修證十迴向位如夢觀。
* 發十無盡願，修習百法明門，親證猶如鏡像現觀。
* 修除五蓋，發起禪定。持一切善法戒。親證猶如光影現觀。
* 進修四禪八定、四無量心、五神通。進修大乘種智，求證猶如谷響現觀。

佛菩提二主要道次第概要表

佛 菩 提 道 — 大 菩 提 道

遠波羅蜜多	資糧位	十信位修集信心——一劫乃至一萬劫。 初住位修集布施功德（以財施爲主）。 二住位修集持戒功德。 三住位修集忍辱功德。 四住位修集精進功德。 五住位修集禪定功德。 六住位修集般若功德（熏習般若中觀，加行位也）。
	見道位	七住位明心般若正觀現前，親證本來自性清淨涅槃。 八住位起於一切法現觀般若中道。漸除性障。 十住位眼見佛性，世界如幻觀成就。
		一至十行位，於廣行六度萬行中，依般若中道慧，現觀陰處界猶如陽 一至十迴向位熏習一切種智；修除性障，唯留最後一分思惑不斷。第
近波羅蜜多	修道位	初地：第十迴向位滿心時，成就道種智一分（八識心王一一親證後， 　　　法）復由勇發十無盡願，成通達位菩薩。復又永伏性障而不具 　　　法施波羅蜜多及百法明門。證「猶如鏡像」現觀，故滿初地心 二地：初地功德滿足以後，再成就道種智一分而入二地；主修戒波羅 　　　然清淨。 三地：二地滿心再證道種智一分，故入三地。此地主修忍波羅蜜多及 　　　，留惑潤生。滿心位成就「猶如谷響」現觀及無漏妙定意生身 四地：由三地再證道種智一分故入四地。主修精進波羅蜜多，於此土 　　　成就「如水中月」現觀。 五地：由四地再證道種智一分入五地。主修禪定波羅蜜多及一切種 六地：由五地再證道種智一分故入六地。此地主修般若波羅蜜多一依 　　　變化所現，「非有似有」，成就細相觀，不由加行而自然證得 七地：由六地「非有似有」現觀，再證道種智一分故入七地。此地主 　　　流轉門及還滅門一切細相，成就方便善巧，念念隨入滅盡定，
大波羅蜜多		八地：由七地極細相觀成就故再證道種智一分而入八地。此地主修一 　　　相土自在，滿心位復證「如實覺知諸法相意生身」故。 九地：由八地再證道種智一分故入九地。主修力波羅蜜多及一切種智 十地：由九地再證道種智一分故入此地。此地主修一切種智一智波羅 　　　德，成受職菩薩。 等覺：由十地道種智成就故入此地。此地應修一切種智，圓滿等覺地 　　　人相及無量隨形好。
圓滿波 羅蜜多	究竟位	妙覺：示現受生人間已斷盡煩惱障一切習氣種子，並斷盡所知障一 　　　人間捨壽後，報身常住色究竟天利樂十方地上菩薩；以諸化

圓 滿 成 就 究 竟 佛 果

二道並修，以外無別佛法

		解脫道：二乘菩提
	外門廣修六度萬行	斷三縛結，成初果解脫
	內門廣修六度萬行	薄貪瞋癡，成二果解脫
焰。至第十行滿心位，陽焰觀成就。 十迴向滿心位成就菩薩道如夢觀。		斷五下分結，成三果解脫

領受五法、三自性、七種第一義、七種性自性、二種無我
斷，能證慧解脫而不取證，由大願故留惑潤生。此地主修
。
蜜多及一切種智。滿心位成就「猶如光影」現觀，戒行自

四禪八定、四無量心、五神通。能成就俱解脫果而不取證
。
及他方世界廣度有緣，無有疲倦。進修一切種智，滿心位

智，斷除下乘涅槃貪。滿心位成就「變化所成」現觀。
道種智現觀十二因緣一一有支及意生身化身，皆自心真如
滅盡定，成俱解脫大乘無學。
修一切種智及方便波羅蜜多，由重觀十二有支一一支中之
滿心位證得「如犍闥婆城」現觀。

切種智及願波羅蜜多。至滿心位純無相觀任運恆起，故於

，成就四無礙，滿心位證得「種類俱生無行作意生身」。
蜜多。滿心位起大法智雲，及現起大法智雲所含藏種種功

無生法忍；於百劫中修集極廣大福德，以之圓滿三十二大

切隨眠，永斷變易生死無明，成就大般涅槃，四智圓明。
身利樂有情，永無盡期，成就究竟佛道。

煩惱障現行悉斷，成四
果解脫，留惑潤生。分
段生死已斷，煩惱障習
氣種子開始斷除，兼斷
無始無明上煩惱。

七地滿心斷除故意保留
之最後一分思惑時，煩
惱障習氣種子同時斷盡

斷盡變易生死
成就大般涅槃

佛子　蕭平實　謹製　　二〇〇九、〇二修訂
　　　　　　　　　　　　二〇〇九、〇八改印

1.**無相念佛**　平實導師著　回郵 10 元
2.**念佛三昧修學次第**　平實導師述著　回郵 25 元
3.**正法眼藏—護法集**　平實導師述著　回郵 35 元
4.**真假開悟簡易辨正法＆佛子之省思**　平實導師著　回郵 3.5 元
5.**生命實相之辨正**　平實導師著　回郵 10 元
6.**如何契入念佛法門** (附:印順法師否定極樂世界)平實導師著 回郵 3.5 元
7.**平實書箋—答元覽居士書**　平實導師著　回郵 35 元
8.**三乘唯識—如來藏系經律彙編**　平實導師編　回郵 80 元
　　　　　　　(精裝本　長 27 ㎝　寬 21 ㎝　高 7.5 ㎝　重 2.8 公斤)
9.**三時繫念全集—修正本**　回郵掛號 40 元 (長 26.5 ㎝×寬 19 ㎝)
10.**明心與初地**　平實導師述　回郵 3.5 元
11.**邪見與佛法**　平實導師述著　回郵 20 元
12.**菩薩正道—回應義雲高、釋性圓…等外道之邪見**　正燦居士著 回郵 20 元
13.**甘露法雨**　平實導師述　回郵 20 元
14.**我與無我**　平實導師述　回郵 20 元
15.**學佛之心態—修正錯誤之學佛心態始能與正法相應** 正德老師著　回郵35元
　　　　　　　　附錄:平實導師著《略說八、九識並存…等之過失》
16.**大乘無我觀—《悟前與悟後》別說**　平實導師述著　回郵 20 元
17.**佛教之危機—中國台灣地區現代佛教之真相** (附錄:公案拈提六則)
　　　　　　　　　　　　　平實導師著　　回郵 25 元
18.**燈 影—燈下黑** (覆「求教後學」來函等)　平實導師著　回郵 35 元
19.**護法與毀法—覆上平居士與徐恒志居士網站毀法二文** 正圜老師著 回郵35元
20.**淨土聖道—兼評選擇本願念佛** 正德老師著　由正覺同修會購贈 回郵25元
21.**辨唯識性相—對「紫蓮心海《辯唯識性相》書中否定阿賴耶識」之回應**
　　　　　　　　　　正覺同修會 台南共修處法義組 著　回郵 25 元
22.**假如來藏—對法蓮法師《如來藏與阿賴耶識》書中否定阿賴耶識之回應**
　　　　　　　　　　正覺同修會 台南共修處法義組 著　回郵 35 元
23.**入不二門—公案拈提集錦 第一輯** (於平實導師公案拈提諸書中選錄約二十則,
　　　　　　　　合輯為一冊流通之) 平實導師著　回郵 20 元
24.**真假邪說—西藏密宗索達吉喇嘛《破除邪說論》真是邪說**
　　　　　　　　　　　　　　　正安法師著　回郵 35 元
25.**真假開悟—真如、如來藏、阿賴耶識間之關係**　平實導師述著　回郵 35 元
26.**真假禪和—辨正釋傳聖之謗法謬說** 正德老師著　回郵 30 元
27.**眼見佛性—駁慧廣法師眼見佛性的含義文中謬說** 正光老師著　回郵 25 元

28.**普門自在**──公案拈提集錦 第二輯（於平實導師公案拈提諸書中選錄約二十
　　　　　　則，合輯爲一冊流通之）平實導師著　回郵25元

29.**印順法師的悲哀**──以現代禪的質疑爲線索　恒毓博士著　回郵25元

30.**識蘊眞義**──現觀識蘊內涵、取證初果、親斷三縛結之具體行門。
　　　　　　──依《成唯識論》及《唯識述記》正義，略顯安慧《大乘廣五蘊論》之邪謬
　　　　　　　　　　　　　　　　　　　　平實導師著　　回郵35元

31.**正覺電子報**　各期紙版本　免附回郵　每次最多函索三期或三本。
　　　　　　　　　　　（已無存書之較早各期，不另增印贈閱）

32.**現代人應有的宗教觀**　正禮老師 著　回郵3.5元

33.**遠惑趣道**──正覺電子報般若信箱問答錄　第一輯 回郵20元

34.**遠惑趣道**──正覺電子報般若信箱問答錄　第二輯 回郵20元

35.**確保您的權益**──器官捐贈應注意自我保護　正光老師 著　回郵10元

36.**正覺教團電視弘法三乘菩提 DVD 光碟（一）**
　　　　　　由正覺教團多位親教師共同講述錄製 DVD 8 片，MP3 一片，共 9 片。
　　　　　　有二大講題：一爲「三乘菩提之意涵」，二爲「學佛的正知見」。內
　　　　　　容精闢，深入淺出，精彩絕倫，幫助大眾快速建立三乘法道的正知
　　　　　　見，免被外道邪見所誤導。有志修學三乘佛法之學人不可不看。(製
　　　　　　作工本費 100 元，回郵 25 元)

37.**正覺教團電視弘法 DVD 專輯（二）**
　　　　　　總有二大講題：一爲「三乘菩提之念佛法門」，一爲「學佛正知見(第
　　　　　　二篇)」，由正覺教團多位親教師輪番講述，內容詳細闡述如何修學
　　　　　　念佛法門、實證念佛三昧，以及學佛應具有的正確知見，可以幫助
　　　　　　發願往生西方極樂淨土之學人，得以把握往生，更可令學人快速建
　　　　　　立三乘法道的正知見，免於被外道邪見所誤導。有志修學三乘佛法
　　　　　　之學人不可不看。(一套 17 片，工本費 160 元。回郵 35 元)

38.**佛藏經**　燙金精裝本　每冊回郵 20 元。正修佛法之道場欲大量索取者，
　　　　　　請正式發函並蓋用關防寄來索取（2008.04.30 起開始敬贈）

39.**西藏文化談**──耶律大石先生著　正覺教育基金會印贈。回郵20元。

40.**隨　緣**──理隨緣與事隨緣　平實導師述　回郵20元。

41.**學佛的覺醒**　正枝居士 著　回郵25元

42.**導師之真實義**　正禮老師 著　回郵10元

43.**淺談達賴喇嘛之雙身法**──兼論解讀「密續」之達文西密碼
　　　　　　　　　　　　吳明芷居士 著　回郵10元

44.**魔界轉世**　張正玄居士 著　回郵10元

45.**一貫道與開悟**　正禮老師 著　回郵10元

46.**博愛**──愛盡天下女人　正覺教育基金會 編　回郵10元

47.**意識虛妄經教彙編**──實證解脫道的關鍵經文　正覺同修會編　回郵25元

48.**繫念思惟念佛法門**　蔡正元老師著　　回郵10元

49.**廣論三部曲**　正益老師著　回郵20元

50.**第七意識與第八意識**──第七、八識有可能是意識嗎？
　　　　　　　　　　　　平實導師述　俟電子報連載完畢後出版

51.**邪箭囈語**──從中觀的教證與理證，談多識仁波切《破魔金剛箭雨論──反擊
　　　　　　蕭平實對佛教正法的惡毒攻擊》邪書的種種謬理
　　　　　　正元老師著　俟正覺電子報連載後出版

★ 上列贈書之郵資，係台灣本島地區郵資，大陸、港、澳地區及外國地區，請另計酌增（大陸、港、澳、國外地區之郵票不許通用）。尚未出版之書，請勿先寄來郵資，以免增加作業煩擾。

★ 本目錄若有變動，唯於後印之書籍及「成佛之道」網站上修正公佈之，不另行個別通知。

函索書籍請寄：佛教正覺同修會　103 台北市承德路 3 段 277 號 9 樓台灣地區函索書籍者請附寄郵票，無時間購買郵票者可以等值現金抵用，但不接受郵政劃撥、支票、匯票。大陸地區得以人民幣計算，國外地區請以美元計算（請勿寄來當地郵票，在台灣地區不能使用）。欲以掛號寄遞者，請另附掛號郵資。

親自索閱：正覺同修會各共修處。　★請於共修時間前往取書，餘時無人在道場，請勿前往索取；共修時間與地點，詳見書末正覺同修會共修現況表（以近期之共修現況表為準）。

註：正智出版社發售之局版書，請向各大書局購閱。若書局之書架上已經售出而無陳列者，請向書局櫃台指定洽購；若書局不便代購者，請於正覺同修會共修時間前往各共修處請購，正智出版社已派人於共修時間送書前往各共修處流通。　郵政劃撥購書及 大陸地區 購書，請詳別頁正智出版社發售書籍目錄最後頁之說明。

成佛之道 網站：http://www.a202.idv.tw　　正覺同修會已出版之結緣書籍，多已登載於 成佛之道 網站，若住外國、或住處遙遠，不便取得正覺同修會贈閱書籍者，可以從本網站閱讀及下載。　書局版之《宗通與說通》亦已上網，台灣讀者可向書局洽購，成本價 200 元。《狂密與真密》第一輯~第四輯，亦於 2003.5.1.全部於本網站登載完畢；台灣地區讀者請向書局洽購，每輯約 400 頁，賠本流通價 140 元（網站下載紙張費用較貴，容易散失，難以保存，亦較不精美）。

＊＊藏傳佛教修雙身法，非佛教＊＊

佛教正覺同修會 共修現況 及 招生公告　

一、共修現況：（請在共修時間來電，以免無人接聽。）

台北正覺講堂 103 台北市承德路三段 277 號九樓 捷運淡水線圓山站旁
Tel..總機 02-25957295（晚上）（分機：九樓辦公室 10、11；知
客櫃檯 12、13。 十樓知客櫃檯 15、16；書局櫃檯 14。 五樓
辦公室 18；知客櫃檯 19。二樓辦公室 20；知客櫃檯 21。）
Fax..25954493

第一講堂　台北市承德路三段 277 號九樓
禪淨班：週一晚上班、週三晚上班、週四晚上班、週五晚上班、週六下
午班、週六上午班（皆須報名建立學籍後始可參加共修，欲報
名者詳見本公告末頁）
增上班：瑜伽師地論詳解：每月第一、三、五週之週末 17.50～20.50
平實導師講解（僅限已明心之會員參加）
禪門差別智：每月第一週日全天　平實導師主講（事冗暫停）。
法華經講義：平實導師主講。詳解釋迦世尊與諸佛世尊示現於人間之正
理：為人間有緣眾生「開、示、悟、入」諸佛所見、所證之法
界真實義，並細說唯一佛乘之理，闡釋佛法本來只有**成佛之
道，不以聲聞、緣覺的緣起性空作為佛法**；闡釋二乘菩提之道
只是從唯一佛乘中析出之方便道，本非真實佛法；闡釋阿含之
二乘道所說緣起性空之法理及修證，實不能令人成佛，只有佛
菩提道的實相般若及種智才能使人成佛；若不能信受及實地理
解此真理者，終將只能成就解脫果，絕不可能成就佛菩提果。
每逢週二 18.50~20.50 開示，由平實導師詳解。不限制聽講資
格，本會學員憑上課證聽講，會外人士請以身分證件換證進入
聽講（此為大樓管理處安全管理規定之要求，敬請諒解）。《法
華經講義》講畢後，每週同一時段將續講《佛藏經》。

第二講堂　台北市承德路三段 267 號十樓。
禪淨班：週一晚上班、週四晚上班、週六下午班。
進階班：週三晚上班、週五晚上班（禪淨班結業後轉入共修）。
法華經講義：平實導師講解。每週二 18.50~20.50（影像音聲即時傳輸）。
本會學員憑上課證進入聽講，會外學人請以身分證件換證
進入聽講（此為大樓管理處安全管理規定之要求，敬請諒
解）。講畢後每週同一時段續講《佛藏經》。

第三講堂　台北市承德路三段 277 號五樓。
進階班：週一晚上班、週三晚上班、週四晚上班、週五晚上班、
週六下午班。
法華經講義：平實導師講解。每週二 18.50~20.50（影像音聲即時傳輸）。
本會學員憑上課證進入聽講，會外學人請以身分證件換證
進入聽講（此為大樓管理處安全管理規定之要求，敬請諒
解）。講畢後每週同一時段續講《佛藏經》。

第四講堂　台北市承德路三段 267 號二樓。
進階班：週三晚上班（禪淨班結業後轉入共修）。
論義班：為培植寫作學術論文人才，並建立會員辨正法義之能力而開

設此班，專就印順法師著作之邪謬處，一一加以研究討論，令會員得以建立正知見，遠離表相佛法似是而非之法毒。亦依證據證明印順所謂考證之不實，佐以經教及律典所載之事實，證明大乘真是佛說；亦證明印順法師從來都以解脫道取代佛菩提道，證明印順從來都以誤會後之聲聞解脫道，取代大乘佛法之事實。如是事實，都由印順著作中具體引證出來，互相辨正討論；並經由最原始的佛教文獻舉證，澄清佛教史及法義之真相。會員由此論義而增長正知正見、遠離無明，次第建立學術論證能力，即得撰寫學術論文辨正應成派中觀邪毒，成就護法及救護眾生之偉大功德。每逢單週之週末下午，限本會會員參加。

法華經講義：平實導師講解。每週二 18.50~20.50（影像音聲即時傳輸）。本會學員憑上課證進入聽講，會外學人請以身分證件換證進入聽講（此為大樓管理處安全管理規定之要求，敬請諒解）。講畢後每週同一時段續講《佛藏經》。

正覺祖師堂　大溪鎮美華里信義路 650 巷坑底 5 之 6 號（台 3 號省道 34 公里處 妙法寺對面斜坡道進入）電話 03-3886110　傳真、ADSL 03-3881692 本堂供奉 克勤圓悟大師，專供會員每年四月、十月各二次精進禪三共修，兼作本會出家菩薩掛單常住之用。除禪三時間以外，每逢單月第一週之週日 9:00~17:00 開放會內、外人士參訪，當天並提供午齋結緣。教內共修團體或道場，得另申請其餘時間作團體參訪，務請事先與常住確定日期，以便安排常住菩薩接引導覽，亦免妨礙常住菩薩之日常作息及修行。

桃園正覺講堂　桃園市介壽路 286、288 號 10 樓（陽明運動公園對面）電話：03-3749363（請於共修時聯繫，或與台北聯繫）

禪淨班：週六上午班、週一晚上新班、週三晚上班。

法華經講義：平實導師講解 以台北正覺講堂所錄 DVD，2009 年 11 月 24 日開始，每逢週二晚上放映；歡迎會外學人共同聽講，不需出示身分證件。講畢後每週同一時段續講《佛藏經》。

新竹正覺講堂　新竹市南大路 241 號 3 樓　03-5619020（晚上）
　　　　　　註：即將遷移新址：東光路 55 號二樓之一

禪淨班：週一晚上班、週三晚上班、週四晚上班、週五晚上班、週六上午班。

進階班：週六下午班（由禪淨班結業後轉入共修）。

法華經講義：平實導師講解。以台北正覺講堂所錄 DVD 放映。每週二晚上放映，歡迎會外學人共同聽講，不需出示身分證件。講畢後每週同一時段續講《佛藏經》。

台中正覺講堂　04-23816090（晚上）

第一講堂　台中市南屯區五權西路二段 666 號 13 樓之四（國泰世華銀行樓上。鄰近縣市經第一高速公路前來者，由五權西路交流道可以快速到達，大樓旁有停車場，對面有素食館）。

禪淨班：週一晚上班、週三晚上班、週四晚上班、週五晚上班、週六早上班。

進階班：雙週末晚上班、每週日晚上班（由禪淨班結業後轉入共修）。

增上班：單週週末以台北增上班課程錄成 DVD 放映之，限已明心之會員參加。

法華經講義：平實導師講解。以台北正覺講堂所錄 DVD 放映。每週二晚上放映，歡迎會外學人共同聽講，不需出示身分證件。講畢後每週同一時段續講《佛藏經》。

第二講堂　台中市南屯區五權西路二段 666 號 4 樓

法華經講義：平實導師講解。以台北正覺講堂所錄 DVD 放映。每週二晚上放映，歡迎會外學人共同聽講，不需出示身分證件。講畢後每週同一時段續講《佛藏經》。

第三講堂、第四講堂：

台中市南屯區五權西路二段 666 號 4 樓（裝潢中，尚未開放）。

台南正覺講堂

第一講堂　台南市西門路四段 15 號 4 樓。06-2820541（晚上）

禪淨班：週一晚上班、週三晚上班、週四晚上班、週六早上班、週六晚上班。

進階班：雙週週末下午班（由禪淨班結業後轉入共修）。

增上班：單週週末下午，以台北增上班課程錄成 DVD 放映之，限已明心之會員參加。

法華經講義：平實導師講解。以台北正覺講堂所錄 DVD 放映。每週二晚上放映，歡迎會外學人共同聽講，不需出示身分證件。講畢後每週同一時段續講《佛藏經》。

第二講堂、第三講堂　台南市西門路四段 15 號 3 樓（裝修中，未開放）

高雄正覺講堂　高雄市新興區中正三路 45 號五樓 07-2234248（晚上）

第一講堂（五樓）：

禪淨班：週一晚上班、週三晚上班、週四晚上班、週五晚上班、週末上午班、週末下午班。

法華經講義：平實導師講解。以台北正覺講堂所錄 DVD 放映。每週二晚上放映，歡迎會外學人共同聽講，不需出示身分證件。講畢後每週同一時段續講《佛藏經》。

第二講堂（四樓）：

法華經講義：平實導師講解。以台北正覺講堂所錄 DVD 放映。每週二晚上放映，歡迎會外學人共同聽講，不需出示身分證件。講畢後每週同一時段續講《佛藏經》。

禪淨班：週一晚上班。

進階班（由禪淨班結業後轉入共修）：週一晚上班、週四晚上班。

第三講堂（三樓）：（尚未開放使用）。

香港正覺講堂　香港九龍新蒲崗八達街 3 之 5 號　安達工業大廈 2 樓 C 座。（鑽石山地下鐵 A2 出口）電話：23262231

禪淨班：週六班 14:30–17:30、週日班 13:30–16:30。

法華經講義：平實導師講解 以台北正覺講堂所錄 DVD，每逢週六 19:00~21:00、週日 10:00~12:00 放映；歡迎會外學人共同聽講，不需出示身分證件。講畢後每週同一時段續講《佛藏經》。

美國洛杉磯正覺講堂 ☆已遷移新址☆
17979 E. Arenth Ave, Unit B, City of Industry, CA 91748 USA
TEL. (626) 965-2200　　Cell. (626) 454-0607

禪淨班：每逢週末 15：30~17：30 上課。

進階班：每逢週末上午 10：00 上課。

增上班：每逢週末 15：30~17：30 以平實導師台北增上班課程錄成 DVD 放映之。

金剛經宗通：家喻戶曉的《金剛般若經》法義已被依文解義者普遍誤解了。此經中隱藏著法界中最大而且永遠的秘密，這個秘密是什麼？爲什麼受持讀誦《金剛般若經》者被人輕賤時，先世罪業可以全部消滅？並且因爲讀誦受持《金剛般若經》而獲得廣大無邊的功德？《金剛經》宗通，將爲您解答這些問題。此經是實相般若的入門經典，乃是將大般若經六百卷濃縮之後的精華（再濃縮之後則是《心經》）；由此可知《金剛般若經》在修習實相般若上的重要性了！但因爲此經古來常被錯悟大師錯會及誤說，因此而延誤了廣大佛弟子證悟實相的機會；今由平實導師以通宗之方式宣講，令人容易於聽講時悟入，期能廣利眞實學佛者。關係緊密之《實相般若經》，亦附載於《金剛經》之後宣講之； 佛陀於此經中不斷使用禪門機鋒，幫助菩薩弟子們悟入實相。平實導師講解，以台北正覺講堂所錄之 DVD 公開放映之，每週六下午放映(13：00~15：00)，歡迎各界人士共享第一義諦無上法益，不需報名。本經全部播畢後，將繼續播放**法華經講義** DVD。

二、招生公告　本會台北講堂及全省各講堂，每逢四月、十月中旬開新班，每週共修一次（每次二小時。開課日起三個月內仍可插班）；但美國洛杉磯共修處得隨時插班共修。各班共修期間皆爲二年半，欲參加者請向本會函索報名表（各共修處皆於共修時間方有人執事，非共修時間請勿電詢或前來洽詢、請書），**或直接從成佛之道網站下載報名表**。共修期滿時，若經報名禪三審核通過者，可參加四天三夜之禪三精進共修，有機會明心、取證如來藏，發起般若實相智慧，成爲實義菩薩，脫離凡夫菩薩位。

三、新春禮佛祈福 農曆年假期間停止共修：自農曆新年前七天起停止共修與弘法，正月 8 日起回復共修、弘法事務。新春期間正月初一～初七 9.00～17.00 開放台北講堂、大溪禪三道場（正覺祖師堂），方便會員供佛、祈福及會外人士請書。美國洛杉磯共修處之休假時間，請逕詢該共修處。

＊＊藏傳佛教修雙身法，非佛教＊＊

正智出版社 籌募弘法基金發售書籍目錄 2011/09/18

1. **宗門正眼**—公案拈提 第一輯 重拈 平實導師著 500元
    因重寫內容大幅度增加故,字體必須改小,並增為576頁 主文546頁。
    比初版更精彩、更有內容。初版《禪門摩尼寶聚》之讀者,可寄回本公司
    免費調換新版書。免附回郵,亦無截止期限。(2007年起,每冊附贈本公
    司精製公案拈提〈超意境〉CD一片。市售價格280元,多購多贈。)
2. **禪淨圓融** 平實導師著 200元(第一版舊書可換新版書。)
3. **真實如來藏** 平實導師著 400元
4. **禪—悟前與悟後** 平實導師著 上、下冊,每冊250元
5. **宗門法眼**—公案拈提 第二輯 平實導師著 500元
    (2007年起,每冊附贈本公司精製公案拈提〈超意境〉CD一片)
6. **楞伽經詳解** 平實導師著 全套共10輯 每輯250元
7. **宗門道眼**—公案拈提 第三輯 平實導師著 500元
    (2007年起,每冊附贈本公司精製公案拈提〈超意境〉CD一片)
8. **宗門血脈**—公案拈提 第四輯 平實導師著 500元
    (2007年起,每冊附贈本公司精製公案拈提〈超意境〉CD一片)
9. **宗通與說通**—成佛之道 平實導師著 主文381頁 全書400頁 成本價200元
10. **宗門正道**—公案拈提 第五輯 平實導師著 500元
    (2007年起,每冊附贈本公司精製公案拈提〈超意境〉CD一片)
11. **狂密與真密** 一～四輯 平實導師著 西藏密宗是人間最邪淫的宗教,本質
    不是佛教,只是披著佛教外衣的印度教性力派流毒的喇嘛教。此書中將
    西藏密宗密傳之男女雙身合修樂空雙運所有祕密與修法,毫無保留完全
    公開,並將全部喇嘛們所不知道的部分也一併公開。內容比大辣出版社
    喧騰一時的《西藏慾經》更詳細。並且函蓋藏密的所有祕密及其錯誤的
    中觀見、如來藏……等,藏密的所有法義都在書中詳述、分析、辨正。
    每輯主文三百餘頁 每輯全書約400頁 流通價每輯140元。
12. **宗門正義**—公案拈提 第六輯 平實導師著 500元
    (2007年起,每冊附贈本公司精製公案拈提〈超意境〉CD一片)
13. **心經密意**—心經與解脫道、佛菩提道、祖師公案之關係與密意 平實導師述 300元
14. **宗門密意**—公案拈提 第七輯 平實導師著 500元
    (2007年起,每冊附贈本公司精製公案拈提〈超意境〉CD一片)
15. **淨土聖道**—兼評「選擇本願念佛」 正德老師著 200元
16. **起信論講記** 平實導師述著 共六輯 每輯三百餘頁 成本價各200元
17. **優婆塞戒經講記** 平實導師述著 共八輯 每輯三百餘頁 成本價各200元
18. **真假活佛**—略論附佛外道盧勝彥之邪說(對前岳靈犀網站主張「盧勝彥是
    證悟者」之修正) 正犀居士 (岳靈犀) 著 流通價140元
19. **阿含正義**—唯識學探源 平實導師著 共七輯 每輯250元

20.**超意境 CD** 以平實導師公案拈提書中超越意境之頌詞，加上曲風優美的旋律，錄成令人嚮往的超意境歌曲，其中包括正覺發願文及平實導師親自譜成的黃梅調歌曲一首。詞曲雋永，殊堪翫味，可供學禪者吟詠，有助於見道。內附設計精美的彩色小冊，解說每一首詞的背景本事。每片 280 元。【每購買公案拈提書籍一冊，即贈送一片。】

21.**菩薩底憂鬱 CD** 將菩薩情懷及禪宗公案寫成新詞，並製作成超越意境的優美歌曲。 1.主題曲〈菩薩底憂鬱〉，描述地後菩薩能離三界生死而迴向繼續生在人間，但因尚未斷盡習氣種子而有極深沈之憂鬱，非三賢位菩薩及二乘聖者所知，此憂鬱在七地滿心位方才斷盡；本曲之詞中所說義理極深，昔來所未曾見；此曲係以優美的情歌風格寫詞及作曲，聞者得以激發嚮往諸地菩薩境界之大心，詞、曲都非常優美，難得一見；其中勝妙義理之解說，已印在附贈之彩色小冊中。 2.以各輯公案拈提中直示禪門入處之頌文，作成各種不同曲風之超意境歌曲，值得玩味、參究；聆聽公案拈提之優美歌曲時，請同時閱讀內附之印刷精美說明小冊，可以領會超越三界的證悟境界；未悟者可以因此引發求悟之意向及疑情，真發菩提心而邁向求悟之途，乃至因此真實悟入般若，成真菩薩。 3.正覺總持咒新曲，總持佛法大意；總持咒之義理，已加以解說並印在隨附之小冊中。本 CD 共有十首歌曲，長達 63 分鐘，請直接向各市縣鄉鎮之 CD 販售店購買，本公司及各講堂都不販售。每盒各附贈二張購書優惠券。

22.**禪意無限 CD** 平實導師以公案拈提書中偈頌寫成不同風格曲子，與他人所寫不同風格曲子共同錄製出版，幫助參禪人進入禪門超越意識之境界。盒中附贈彩色印製的精美解說小冊，以供聆聽時閱讀，令參禪人得以發起參禪之疑情，即有機會證悟本來面目而發起實相智慧，實證大乘菩提般若，能如實證知般若經中的真實意。本 CD 共有十首歌曲，長達 63 分鐘，預定 2012 年四月一日公開發行，請直接向各市縣鄉鎮之 CD 販售店購買，本公司及各講堂都不販售。每盒各附贈二張購書優惠券。〈禪意無限〉出版後將不再錄製 CD，特此公告。

23.**我的菩提路**第一輯 釋悟圓、釋善藏等人合著 售價 200 元

24.**我的菩提路**第二輯 郭正益、張志成等人合著 售價 250 元

25.**鈍鳥與靈龜**——考證後代凡夫對大慧宗杲禪師的無根誹謗。
平實導師著 共 458 頁 售價 250 元

26.**維摩詰經講記** 平實導師述 共六輯 每輯三百餘頁 優惠價各 200 元

27.**真假外道**——破劉東亮、杜大威、釋證嚴常見外道見 正光老師著 200 元

28.**勝鬘經講記**——兼論印順《勝鬘經講記》對於《勝鬘經》之誤解。
平實導師述 共六輯 每輯三百餘頁 優惠價 200 元

29.**楞嚴經講記** 平實導師述 共 **15** 輯，每輯三百餘頁 優惠價 200 元
2011.10.01 出版第十二輯（每二個月出版一輯）

30.**明心與眼見佛性**——駁慧廣〈蕭氏「眼見佛性」與「明心」之非〉文中謬說
正光老師著 共 448 頁 成本價 250 元

31.**佛法入門**──迅速進入三乘佛法大門，消除久學佛法漫無方向之窘境。
　　　　　　　　　　　　○○居士著　將於正覺電子報連載後出版。售價200元
32.**廣論之平議**──宗喀巴《菩提道次第廣論》之平議　正雄居士著
　　　　　　　　　約二或三輯　俟正覺電子報連載後結集出版　書價未定
33.**中觀金鑑**──詳述應成派中觀的起源與其破法、凡夫見本質　正德老師著
　　　　　　　　　於正覺電子報連載後結集出版之。　出版日期、書價未定
34.**霧峰無霧**──給哥哥的信　辨正釋印順對佛法的無量誤解
　　　　　　　　　　　　游宗明　居士著　俟電子報連載完畢後出版之。
35.**末法導護**──對印順法師中心思想之綜合判攝　　正慶老師著　書價未定
36.**金剛經宗通**　平實導師述　俟整理完畢後出版之。
37.**實相經宗通**　平實導師述　俟整理完畢後出版之。
38.**菩薩學處**──菩薩四攝六度之要義　正元老師著　　出版日期未定。
39.**法華經講義**　平實導師述　每輯200元　出版日期未定
40.**八識規矩頌詳解**　○○居士　註解　出版日期另訂　書價未定。
41.**印度佛教史**──法義與考證。依法義史實評論印順《印度佛教思想史、佛教
　　　　　　　史地考論》之謬說　正偉老師著　出版日期未定　書價未定
42.**中國佛教史**──依中國佛教正法史實而論。　○○老師　著　書價未定。
43.**中論正義**──釋龍樹菩薩《中論》頌正理。
　　　　　　　　　　　　　正德老師著　出版日期未定　書價未定
44.**中觀正義**──註解平實導師《中論正義頌》。
　　　　　　　　　　　○○法師（居士）著　出版日期未定　書價未定
45.**佛藏經講記**　平實導師述　出版日期未定　書價未定
46.**阿含講記**──將選錄四阿含中數部重要經典全經講解之，講後整理出版。
　　　　　　　平實導師述　約三輯　每輯250元　出版日期未定
47.**寶積經講記**　平實導師述　每輯三百餘頁　優惠價200元　出版日期未定
48.**解深密經講記**　平實導師述　約四輯　將於重講後整理出版
49.**成唯識論略解**　平實導師著　五～六輯　每輯200元　出版日期未定
50.**修習止觀坐禪法要講記**　平實導師述　每輯三百餘頁　優惠價200元
　　　　　　　將於正覺寺建成後重講、以講記逐輯出版　日期未定
51.**無門關**──《無門關》公案拈提　平實導師著　出版日期未定
52.**中觀再論**──兼述印順《中觀今論》謬誤之平議。正光老師著　出版日期未定
53.**輪迴與超度**──佛教超度法會之真義。
　　　　　　　　　　○○法師（居士）著　出版日期未定　書價未定
54.**《釋摩訶衍論》平議**──對偽稱龍樹所造《釋摩訶衍論》之平議
　　　　　　　　　　○○法師（居士）著　出版日期未定　書價未定
55.**正覺發願文**註解──以真實大願為因　得證菩提
　　　　　　　　　　正德老師著　出版日期未定　書價未定
56.**正覺總持咒**──佛法之總持　正圜老師著　出版日期未定　書價未定

57.**涅槃**——論四種涅槃　平實導師著　出版日期未定　書價未定
58.**三自性**——依四食、五蘊、十二因緣、十八界法，説三性三無性。
　　　　　　　　　　　　　　　　作者未定　出版日期未定
59.**道品**——從三自性説大小乘三十七道品　作者未定　出版日期未定
60.**大乘緣起觀**——依四聖諦七真如現觀十二緣起　作者未定　出版日期未定
61.**三德**——論解脱德、法身德、般若德。　作者未定　出版日期未定
62.**真假如來藏**——對印順《如來藏之研究》謬説之平議　作者未定　出版日期未定
63.**大乘道次第**　作者未定　出版日期未定　書價未定
64.**四緣**——依如來藏故有四緣。　作者未定　出版日期未定
65.**空之探究**——印順《空之探究》謬誤之平議　作者未定　出版日期未定
66.**十法義**——論阿含經中十法之正義　作者未定　出版日期未定
67.**外道見**——論述外道六十二見　作者未定　出版日期未定

總經銷：　飛鴻 國際行銷股份有限公司
　　　　231 台北縣新店市中正路 501 之 9 號 2 樓
　　　　Tel.02－82186688（五線代表號）　Fax.02-82186458、82186459
零售：1.全台連鎖經銷書局：三民書局、誠品書局、何嘉仁書店
　　　　　　　　敦煌書店、紀伊國屋、金石堂書局、建宏書局
2.台北市縣：　佛化人生 北市羅斯福路 3 段 325 號 5 樓 台電大樓對面
　　士林圖書 北市士林區大東路 86 號　　書田文化 北市石牌路二段 86 號
　　書田文化 北市大安路一段 245 號　　書田文化 北市南京東路四段 137 號 B1
　　人人書局 北市北安路 524 號　　永益書店 北市木柵路一段 57-8 號
　　金玉堂書局 三重三和路四段 16 號　　來電書局 新莊中正路 261 號
　　春大地書店 蘆洲中正路 117 號
3.桃園市縣：桃園文化城 桃園復興路 421 號　金玉堂 中壢中美路 2 段 82 號
　　　巧巧屋書局 蘆竹南崁路 263 號　　內壢文化圖書城 中壢忠孝路 86 號
　　　來電書局 大溪慈湖路 30 號　　　御書堂 龍潭中正路 123 號
4.新竹市縣：大學書局 新竹建功路 10 號　　聯成書局 新竹中正路 360 號
　　誠品書局 新竹東區信義街 68 號　　誠品書局 新竹東區力行二路 3 號
　　誠品書局 新竹東區民族路 2 號　　墊腳石文化書店 新竹中正路 38 號
　　金典文化 竹北中正西路 47 號　　展書堂 竹東長春路 3 段 36 號
5.苗栗市縣：建國書局苗栗市中山路 566 號　萬花筒書局苗栗市府東路 73 號
　　　　展書堂 頭份和平路 79 號　　　展書堂 竹南民權街 49-2 號
6.台中市縣：　瑞成書局、各大連鎖書店。
　　　興大書齋 台中市國光路 250 號　　詠春書局 台中市永春東路 884 號
　　　參次方國際圖書 大里大明路 242 號
　　　儀軒文化事業公司 太平中興路 178 號
7.彰化市縣：心泉佛教流通處 彰化市南瑤路 286 號
　　　員林鎮：墊腳石圖書文化廣場 中山路 2 段 49 號（04-8338485）
　　　　大大書局 民權街 33 號（04-8381033）

溪湖鎮：聯宏圖書　西環路 515 號（04-8856640）

8.**南投縣：**文春書局　**霧峰鄉**中正路 1087 號

9.**台南市縣：**吉祥宗教文物　台南市公園路 595-26 號

宏昌書局　台南北門路一段 136 號　　禪馥館　台南北門路一段308-1 號

博大書局　新營三民路 128 號　　　　豐榮文化商場　**新市**仁愛街 286-1 號

藝美書局　善化中山路 436 號　　　　志文書局　麻豆博愛路 22 號

10.**高雄市：**各大連鎖書店、瑞成書局

政大書城　三民區明仁路 161 號　　政大書城　**苓雅區**光華路 148-83 號

城市書店　三民區明吉路 9 號　　　明儀書局　三民區明福街 2 號

明儀書局　三多四路 63 號　　　　青年書局　青年一路 141 號

11.**宜蘭縣市：**金隆書局　　宜蘭市中山路 3 段 43 號

宋太太梅鋪　　羅東鎮中正北路 101 號（039-534909）

12.**台東市：**東普佛教文物流通處　台東市博愛路 282 號

13.**其餘鄉鎮市經銷書局：**請電詢總經銷**飛鴻**公司。

14.**大陸地區請洽：**

香港：樂文書店（旺角　西洋菜街 62 號 3 樓、銅鑼灣　駱克道 506 號 3 樓）

各省新華書店、方廣郵購書店（請詳見：「敬告大陸讀者」文）

15.**美國：世界日報圖書部：**紐約圖書部　　電話 7187468889#6262

洛杉磯圖書部　　電話 3232616972#202

16.**國內外地區網路購書：**

正智出版社　書香園地　http://books.enlighten.org.tw/

（書籍簡介、直接聯結下列網路書局購書）

**三民　**網路書局　http://www.Sanmin.com.tw

**誠品　**網路書局　http://www.eslitebooks.com

**博客來　**網路書局　　http://www.books.com.tw

**金石堂　**網路書局　　http://www.kingstone.com.tw

**飛鴻　**網路書局　http://fh6688.com.tw

附註：1.請儘量向各經銷書局購買：郵政劃撥需要十天才能寄到（本公司在您劃撥後第四天才能接到劃撥單，次日寄出後第四天您才能收到書籍，此八天中一定會遇到週休二日，是故共需十天才能收到書籍）若想要早日收到書籍者，請劃撥完畢後，將劃撥收據貼在紙上，旁邊寫上您的姓名、住址、郵區、電話、買書詳細內容，直接傳真到本公司 02-28344822，並來電 02-28316727、28327495 確認是否已收到您的傳真，即可提前收到書籍。 2.因台灣每月皆有五十餘種宗教類書籍上架，書局書架空間有限，故唯有新書方有機會上架，通常每次只能有一本新書上架；本公司出版新書，大多上架不久便已售出，若書局未再叫貨補充者，書架上即無新書陳列，則請直接向書局櫃台訂購。 3.若書局不便代購時，可於晚上共修時間向正覺同

修會各共修處請購（共修時間及地點，詳閱共修現況表。每年例行年假期間請勿前往請書，年假期間請見共修現況表）。 4.郵購：郵政劃撥帳號 19068241。 5.正覺同修會會員購書都以八折計價（戶籍台北市者爲一般會員，外縣市爲護持會員）都可獲得優待，欲一次購買全部書籍者，可以考慮入會，節省書費。入會費一千元（第一年初加入時才需要繳），年費二千元。 **6.尚未出版之書籍，請勿預先郵寄書款與本公司，謝謝您！** 7.若欲一次購齊本公司書籍，或同時取得正覺同修會贈閱之全部書籍者，請於正覺同修會共修時間，親到各共修處請購及索取；**台北市讀者**請洽：103 台北市承德路三段 267 號 10 樓（捷運淡水線 圓山站旁）請書時間：週一至週五爲 18.00~21.00，第一、三、五週週六爲 10.00~21.00，雙週之週六爲 10.00~18.00 請購處專線電話：25957295-分機 14（於請書時間方有人接聽）。

敬告大陸讀者：

正智出版社有限公司在台灣印行的各種書籍中，《眞實如來藏、禪淨圓融》二書，已由宗教文化出版社，在大陸印行流通出版了。《眞實如來藏》定價人民幣 18.8 元、《禪淨圓融》定價人民幣 10 元，已在全國各省市的新華書店上架流通了。

《禪—悟前與悟後》一書，在更早之前，授權與四川大學出版社印行，現在也已經出版了，售價人民幣 28 元。

以上三書，大陸讀者可逕向各省市新華書店或其他書店指名購閱。若書架上已售出而無書籍者，請向書店櫃檯訂購。凡是已經在大陸出版之書籍，既可由各地書局買得，則正覺同修會將不再購贈或寄贈，敬請大陸讀者們鑑諒。

若您所在的縣市還沒有設立新華書店，亦無其他書店可以訂購，亦可向中國國際圖書貿易總公司〔圖書部〕訂購。各書店若欲訂貨者，請填妥「圖書征訂單」，直接向該公司傳眞訂貨，征訂單格式請從成佛之道網站或該公司網站下載。又：正智出版社其餘書籍，凡尚未在大陸出版者，未來將委託中國國際圖書貿易總公司，在大陸經銷流通，敬請讀者注意正式銷售日期，詳情請逕洽該公司〔圖書部〕：

TEL. 010-68433191　　68433189

FAX. 010-68412048　　68415917

E-MAIL. ts2@mail.cibtc.com.cn

關於平實導師的書訊，請上網查閱：

成佛之道　http://www.a202.idv.tw

正智出版社　書香園地　http://books.enlighten.org.tw/

★正智出版社有限公司售書之稅後盈餘，全部捐助財團法人正覺寺籌備處、佛教正覺同修會、正覺教育基金會，供作弘法及購建道場之用；懇請諸方大德支持，功德無量★

佛教正覺同修會　弘法行事表

1、**禪淨班**　以無相念佛及拜佛方式修習動中定力，實證一心不亂功夫。傳授解脫道正理及第一義諦佛法，以及參禪知見。共修期間：二年六個月。每逢四月、十月開新班，詳見招生公告表。

2、**法華經講義**　平實導師主講。詳解釋迦世尊與諸佛世尊示現於人間之正理：為人間有緣眾生「開、示、悟、入」諸佛所見、所證之法界真實義，並細說唯一佛乘之理，闡釋佛法本來只有**成佛之道，不以聲聞、緣覺的緣起性空作為佛法**；闡釋二乘菩提之道只是從唯一佛乘中析出之方便道，本非真實佛法；闡釋阿含之二乘道所說緣起性空之法理及修證，實不能令人成佛，只有佛菩提道的實相般若及種智才能使人成佛；若不能信受及實地理解此真理者，終將只能成就解脫果，絕不可能成就佛菩提果。每逢週二 18.50~20.50 開示，由平實導師詳解。不限制聽講資格。會外人士需憑身分證件換證入內聽講（此是大樓管理處之安全規定，敬請見諒）。

3、**瑜伽師地論詳解**　詳解論中所言凡夫地至佛地等 17 師之修證境界與理論，從凡夫地、聲聞地……宣演到諸地所證一切種智之真實正理。由平實導師開講，每逢一、三、五週之週末晚上開示，僅限已明心之會員參加。

4、**精進禪三**　主三和尚：平實導師。於四天三夜中，以克勤圓悟大師及大慧宗杲之禪風，施設機鋒與小參、公案密意之開示，幫助會員剋期取證，親證不生不滅之真實心—人人本有之如來藏。每年四月、十月各舉辦二個梯次；平實導師主持。僅限本會會員參加禪淨班共修期滿，報名審核通過者，方可參加。並選擇會中定力、慧力、福德三條件皆已具足之已明心會員，給以指引，令得眼見自己無形無相之佛性遍佈山河大地，真實而無障礙，得以肉眼現觀世界身心悉皆如幻，具足成就如幻觀，圓滿十住菩薩之證境。

5、**佛藏經詳解**　有某道場專弘淨土法門數十年，於教導信徒研讀《佛藏經》時，往往告誡信徒曰：「後半部不許閱讀。」由此緣故坐令信徒失去提升念佛層次之機緣，師徒只能低品位往生淨土，令人深覺愚癡無智。由有多人建議故，今將擇於《法華經》講畢時宣講此經，藉以轉易如是邪見，並欲因此提升念人之知見與往生品位。此經中，對於實相佛多所著墨，亦指出念佛要點：以實相為依，念佛者應依止淨戒、依止清淨僧寶，捨離違犯重戒之師僧，應受學清淨之法，遠離邪見。本經是現代佛門大法師所厭惡之經典：一者由於大法師們已全都落入意識境界而無法親證實相，故於此經中所說實相全無所知，都不樂有人聞此經名，以免讀後提出問疑時無法回答；二者現代

大乘佛法地區，已經普被藏密喇嘛教滲透，許多有名之大法師們大多已曾或繼續在修練雙身法，都已失去聲聞戒體及菩薩戒體，成爲地獄種姓人，已非眞正出家之人，本質上只是身著僧衣而住在寺院中的世俗人。這些人對於此經都是讀不懂的，也是極爲厭惡的；他們尚不樂見此經之印行，何況流通與講解？今爲救護廣大學佛人，兼欲護持佛教血脈永續常傳，特選此經先流通之；俟《法華經》講畢時，立即在同一時段宣講之，主講者平實導師。

6、**阿含經詳解** 選擇重要之阿含部經典，依無餘涅槃之實際而加以詳解，令大眾得以現觀諸法緣起性空，亦復不墮斷滅見中，顯示經中所隱說之涅槃實際—如來藏—確實已於四阿含中隱說；令大眾得以聞後觀行，確實斷除我見乃至我執，證得**見到**眞現觀，乃至**身證**…等眞現觀；已得大乘或二乘見道者，亦可由此聞熏及聞後之觀行，除斷我所之貪著，成就慧解脫果。由平實導師詳解。不限制聽講資格。

7、**大法鼓經詳解** 詳解末法時代大乘佛法修行之道。佛教正法消毒妙藥塗於大鼓而以擊之，凡有眾生聞之者，一切邪見鉅毒悉皆消殞；此經即是大法鼓之正義，凡聞之者，所有邪見之毒悉皆滅除，見道不難；亦能發起菩薩無量功德，是故諸大菩薩遠從諸方佛土來此娑婆聞修此經。由平實導師詳解。不限制聽講資格。

8、**解深密經詳解** 重講本經之目的，在於令諸已悟之人明解大乘法道之成佛次第，以及悟後進修一切種智之內涵，確實證知三種自性性，並得據此證解七眞如、十眞如等正理。每逢週二 18.50~20.50 開示，由平實導師詳解。將於《大法鼓經》講畢後開講。不限制聽講資格。

9、**成唯識論詳解** 詳解一切種智眞實正理，詳細剖析一切種智之微細深妙廣大正理；並加以舉例說明，使已悟之會員深入體驗所證如來藏之微密行相；及証驗見分相分與所生一切法，皆由如來藏—阿賴耶識—直接或展轉而生，因此証知一切法無我，証知無餘涅槃之本際。將於增上班《瑜伽師地論》講畢後，由平實導師重講。僅限已明心之會員參加。

10、**精選如來藏系經典詳解** 精選如來藏系經典一部，詳細解說，以此完全印證會員所悟如來藏之眞實，得入不退轉住。另行擇期詳細解說之，由平實導師講解。僅限已明心之會員參加。

11、**禪門差別智** 藉禪宗公案之微細淆訛難知難解之處，加以宣說及剖析，以增進明心、見性之功德，啓發差別智，建立擇法眼。每月第一週日全天，由平實導師開示，謹限破參明心後，復又眼見佛性者參加（事冗暫停）。

12、**枯木禪** 先講智者大師的〈小止觀〉，後說〈釋禪波羅蜜〉，詳解四禪八定之修證理論與實修方法，細述一般學人修定之邪見與岔

路，及對禪定證境之誤會，消除枉用功夫、浪費生命之現象。已悟般若者，可以藉此而實修初禪，進入大乘通教及聲聞教的三果心解脫境界，配合應有的大福德及後得無分別智、十無盡願，即可進入初地心中。親教師：平實導師。未來緣熟時將於大溪正覺寺開講。不限制聽講資格。

註：本會例行年假，自 2004 年起，改為每年農曆新年前七天開始停息弘法事務及共修課程，農曆正月 8 日回復所有共修及弘法事務。新春期間（每日 9.00~17.00）開放台北講堂，方便會員禮佛祈福及會外人士請書。大溪鎮的正覺祖師堂，開放參訪時間，詳見〈正覺電子報〉或成佛之道網站。本表得因時節因緣需要而隨時修改之，不另作通知。

正智出版社有限公司書籍介紹

禪淨圓融：言淨土諸祖所未曾言，示諸宗祖師所未曾示；禪淨圓融，另闢成佛捷徑，兼顧自力他力，闡釋淨土門之速行易行道，亦同時揭櫫聖教門之速行易行道；令廣大淨土行者得免緩行難證之苦，亦令聖道門行者得以藉著淨土速行道而加快成佛之時劫。乃前無古人之超勝見地，非一般弘揚禪淨法門典籍也，先讀為快。平實導師著 200元。

宗門正眼—公案拈提第一輯：繼承克勤圓悟大師碧巖錄宗旨之禪門鉅作。先則舉示當代大法師之邪說，消弭當代禪門大師鄉愿之心態，摧破當今禪門「世俗禪」之妄談；次則旁通教法，表顯宗門正理；繼以道之次第，消弭古今狂禪；後藉言語及文字機鋒，直示宗門入處。悲智雙運，禪味十足，數百年來難得一睹之禪門鉅著也。平實導師著500元（原初版書《禪門摩尼寶聚》，改版後補充為五百餘頁新書，總計多達二十四萬字，內容更精彩，並改名為《宗門正眼》，讀者原購初版《禪門摩尼寶聚》皆可寄回本公司免費換新，免附回郵，亦無截止期限）（2007年起，凡購買公案拈提第一輯至第七輯，每購一輯皆贈送本公司精製公案拈提〈超意境〉CD一片，市售價格280元，多購多贈）。

禪—悟前與悟後：本書能建立學人悟道之信心與正確知見，圓滿具足而有次第地詳述禪悟之功夫與禪悟之內容，指陳參禪中細微淆訛之處，能使學人明自真心、見自本性。若未能悟入，亦能以正確知見辨別古今中外一切大師究係真悟？或屬錯悟？便有能力揀擇，捨名師而選明師，後時必有悟道之緣。一旦悟道，遲者七次人天往返，便出三界，速者一生取辦。學人欲求開悟者，不可不讀。 平實導師著。上、下冊共500元，單冊250元。

真實如來藏：如來藏眞實存在，乃宇宙萬有之本體，並非印順法師、達賴喇嘛等人所說之「唯有名相、無此心體」。如來藏是涅槃之本際，是一切有智之人竭盡心智、不斷探索而不能得之生命實相；是古今中外許多大師自以爲悟而當面錯過之生命實相。如來藏即是阿賴耶識，乃是一切有情本自具足、不生不滅之眞實心。當代中外大師於此書出版之前所未能言者，作者於本書中盡情流露、詳細闡釋。眞悟者讀之，必能增益悟境、智慧增上；錯悟者讀之，必能檢討自己之錯誤，免犯大妄語業；未悟者讀之，能知參禪之理路，亦能以之檢查一切名師是否眞悟。此書是一切哲學家、宗教家、學佛者及欲昇華心智之人必讀之鉅著。 平實導師著 售價400元。

宗門法眼—公案拈提第二輯：列舉實例，闡釋土城廣欽老和尚之悟處；並直示這位不識字的老和尚妙智橫生之根由，繼而剖析禪宗歷代大德之開悟公案，解析當代密宗高僧卡盧仁波切之錯悟證據，並例舉當代顯宗高僧、大居士之錯悟證據（凡健在者，爲免影響其名聞利養，皆隱其名）。藉辨正當代名師之邪見，向廣大佛子指陳禪悟之正道，彰顯宗門法眼。悲勇兼出，強捋虎鬚；慈智雙運，巧探驪龍；摩尼寶珠在手，直示宗門入處，禪味十足；若非大悟徹底，不能爲之。禪門精奇人物，允宜人手一冊，供作參究及悟後印證之圭臬。本書於2008年4月改版，增寫為大約500頁篇幅，以利學人研讀參究時更易悟入宗門正法，以前所購初版首刷及初版二刷舊書，皆可免費換取新書，詳情請見〈售後服務—換書啓事〉。平實導師著 500元（2007年起，凡購買公案拈提第一輯至第七輯，每購一輯皆贈送本公司精製公案拈提〈超意境〉CD一片，市售價格280元，多購多贈）。

宗門道眼—公案拈提第三輯：繼宗門法眼之後，再以金剛之作略、慈悲之胸懷、犀利之筆觸，舉示寒山、拾得、布袋三大士之悟處，消弭當代錯悟者對於寒山大士……等之誤會及誹謗。 亦舉出民初以來與虛雲和尚齊名之蜀郡鹽亭袁煥仙夫子南懷瑾老師之師，其「悟處」何在？並蒐羅許多眞悟祖師之證悟公案，顯示禪宗歷代祖師之睿智，指陳部分祖師、奧修及當代顯密大師之謬悟，作爲殷鑑，幫助禪子建立及修正參禪之方向及知見。假使讀者閱此書已，一時尚未能悟，亦可一面加功用行，一面以此宗門道眼辨別眞假善知識，避開錯誤之印證及歧路，可免大妄語業之長劫慘痛果報。欲修禪宗之禪者，務請細讀。平實導師著 售價500元（2007年起，凡購買公案拈提第一輯至第七輯，每購一輯皆贈送本公司精製公案拈提〈超意境〉CD一片，市售價格280元，多購多贈）。

楞伽經詳解：本經是禪宗見道者印證所悟眞僞之根本經典，亦是禪宗見道者悟後起修之依據經典；故達摩祖師於印證二祖慧可大師之後，將此經典連同佛缽祖衣一併交付二祖，令其依此經典佛示金言、進入修道位，修學一切種智。由此可知此經對於眞悟之人修學佛道，是非常重要之一部經典。此經能破外道邪說，亦破佛門中錯悟名師之謬說，亦破禪宗部分祖師之狂禪：不讀經典、一向主張「一悟即成究竟佛」之謬執。並開示愚夫所行禪、觀察義禪、攀緣如禪、如來禪等差別，令行者對於三乘禪法差異有所分辨；亦糾正禪宗祖師古來對於如來禪之誤解，嗣後可免以訛傳訛之弊。此經亦是法相唯識宗之根本經典，禪者悟後欲修一切種智而入初地者，必須詳讀。 平實導師著，全套共十輯，已全部出版完畢，每輯主文約320頁，每冊約352頁，定價250元。

宗門血脈—公案拈提第四輯：末法怪象—許多修行人自以爲悟，每將無念靈知認作眞實；崇尙二乘法諸師及其徒眾，則將外於如來藏之緣起性空—無因論之無常空、斷滅空、一切法空—錯認爲佛所說之般若空性。這兩種現象已於當今海峽兩岸及美加地區顯密大師之中普遍存在；人人自以爲悟，心高氣壯，便敢寫書解釋祖師證悟之公案，大多出於意識思惟所得，言不及義，錯誤百出，因此誤導廣大佛子同陷大妄語之地獄業中而不能自知。彼等書中所說之悟處，其實處處違背第一義經典之聖言量。彼等諸人不論是否身披袈裟，都非佛法宗門血脈，或雖有禪宗法脈之傳承，亦只徒具形式；猶如螟蛉，非眞血脈，未悟得根本眞實故。禪子欲知佛、祖之眞血脈者，請讀此書，便知分曉。 平實導師著，主文452頁，全書464頁，定價500元（2007年起，凡購買公案拈提第一輯至第七輯，每購一輯皆贈送本公司精製公案拈提〈超意境〉CD一片，市售價格280元，多購多贈）。

宗通與說通：古今中外，錯誤之人如麻似粟，每以常見外道所說之靈知心，認作眞心；或妄想虛空之勝性能量爲眞如，或錯認物質四大元素藉冥性（靈知心本體）能成就吾人色身及知覺，或認初禪至四禪中之了知心爲不生不滅之涅槃心。此等皆非通宗者之見地。復有錯悟之人一向主張「宗門與教門不相干」，此即尙未通達宗門之人也。其實宗門與教門互通不二，宗門所證者乃是眞如與佛性，教門所說者乃說宗門證悟之眞如佛性，故教門與宗門不二。本書作者以宗教二門互通之見地，細說「宗通與說通」，從初見道至悟後起修之道、細說分明；並將諸宗諸派在整體佛教中之地位與次第，加以明確之教判，學人讀之即可了知佛法之梗概也。欲擇明師學法之前，允宜先讀。平實導師著，主文共381頁，全書392頁，只售成本價200元。

宗門正道—公案拈提第五輯：修學大乘佛法有二果須證解脫果及大菩提果。二乘人不證大菩提果，唯證解脫果；此果之智慧，名為聲聞菩提、緣覺菩提。大乘佛子所證二果之菩提果為佛菩提，故名大菩提果，其慧名為一切種智函蓋二乘解脫果。然此大乘二果修證，須經由禪宗之宗門證悟方能相應。而宗門證悟極難，自古已然；其所以難者，咎在古今佛教界普遍存在三種邪見：1.以修定認作佛法，2.以無因論之緣起性空—否定涅槃本際如來藏以後之一切法空作為佛法，3.以常見外道邪見（離語言妄念之靈知性）作為佛法。如是邪見，或因自身正見未立所致，或因邪師之邪教導所致，或因無始劫來虛妄熏習所致。若不破除此三種邪見，永劫不悟宗門真義、不入大乘正道，唯能外門廣修菩薩行。平實導師於此書中，有極為詳細之說明，有志佛子欲摧邪見、入於內門修菩薩行者，當閱此書。主文共496頁，全書512頁。售價500元（2007年起，凡購買公案拈提第一輯至第七輯，每購一輯皆贈送本公司精製公案拈提〈超意境〉CD一片，市售價格280元，多購多贈）。

狂密與真密：密教之修學，皆由有相之觀行法門而入，其最終目標仍不離顯教經典所說第一義諦之修證；若離顯教第一義經典、或違背顯教第一義經典，即非佛教。西藏密教之觀行法，如灌頂、觀想、遷識法、寶瓶氣、大聖歡喜雙身修法、喜金剛、無上瑜伽、大樂光明、樂空雙運等，皆是印度教兩性生生不息思想之轉化，**自始至終皆以如何能運用交合淫樂之法達到全身受樂為其中心思想**，純屬欲界五欲的貪愛，不能令人超出欲界輪迴，更不能令人斷除我見；何況大乘之明心與見性，更無論矣！故密宗之法絕非佛法也。而其明光大手印、大圓滿法教，又皆同以常見外道所說離語言妄念之無念靈知心錯認為佛地之真如，不能直指不生不滅之真如。西藏密宗所有法王與徒眾，都尚未開頂門眼，不能辨別真偽，以依人不依法、依密續不依經典故，不肯將其上師喇嘛所說對照第一義經典，純依密續之藏密祖師所說為準，因此而誇大其證德與證量，動輒謂彼祖師上師為究竟佛、為地上菩薩；如今台海兩岸亦有自謂其師證量高於釋迦文佛者，然觀其師所述，猶未見道，仍在觀行即佛階段，尚未到禪宗相似即佛、分證即佛階位，竟敢標榜為究竟佛及地上法王，誑惑初機學人。凡此怪象皆是狂密，不同於真密之修行者。近年狂密盛行，密宗行者被誤導者極眾，動輒自謂已證佛地真如，自視為究竟佛，陷於大妄語業中而不知自省，反謗顯宗真修實證者之證量粗淺；或如義雲高與釋性圓…等人，於報紙上公然誹謗真實證道者為「騙子、無道人、人妖、癩蛤蟆…」等，造下誹謗大乘勝義僧之大惡業；或以外道法中有為有作之甘露、魔術……等法，誑騙初機學人，狂言彼外道法為真佛法。如是怪象，在西藏密宗及附藏密之外道中，不一而足，舉之不盡，學人宜應慎思明辨，以免上當後又犯毀破菩薩戒之重罪。密宗學人若欲遠離邪知邪見者，請閱此書，即能了知密宗之邪謬，從此遠離邪見與邪修，轉入真正之佛道。平實導師著 共四輯 每輯約400頁（主文約340頁）賠本流通價每輯140元。

宗門正義—公案拈提第六輯：佛教有六大危機，乃是藏密化、世俗化、膚淺化、學術化、宗門密意失傳、悟後進修諸地之次第混淆；其中尤以宗門密意之失傳，爲當代佛教最大之危機。由宗門密意失傳故，易令世尊本懷普被錯解，易令世尊正法被轉易爲外道法，以及加以淺化、世俗化，是故宗門密意之廣泛弘傳與具緣佛弟子，極爲重要。然而欲令宗門密意之廣泛弘傳予具緣之佛弟子者，必須同時配合錯誤知見之解析、普令佛弟子知之，然後輔以公案解析之直示入處，方能令具緣之佛弟子悟入。而此二者，皆須以公案拈提之方式爲之，方易成其功、竟其業，是故平實導師續作宗門正義一書，以利學人。 全書500餘頁，售價500元（2007年起，凡購買公案拈提第一輯至第七輯，每購一輯皆贈送本公司精製公案拈提〈超意境〉CD一片，市售價格280元，多購多贈）。

心經密意—心經與解脫道、佛菩提道、祖師公案之關係與密意。 二乘菩提所證之解脫道，實依第八識心之斷除煩惱障現行而立解脫之名；大乘菩提所證之佛菩提道，實依親證第八識如來藏之涅槃性、清淨自性、及其中道性而立般若之名；禪宗祖師公案所證之眞心，即是此第八識如來藏；是故三乘佛法所修所證之三乘菩提，皆依此如來藏心而立名也。此第八識心，即是《心經》所說之心也。證得此如來藏已，即能漸入大乘佛菩提道，亦可因證知此心而了知二乘無學所不能知之無餘涅槃本際，是故《心經》之密意，與三乘佛菩提之關係極爲密切、不可分割，三乘佛法皆依此心而立名故。今者平實導師以其所證解脫道之無生智及佛菩提之般若種智，將《心經》與解脫道、佛菩提道、祖師公案之關係與密意，以演講之方式，用淺顯之語句和盤托出，發前人所未言，呈三乘菩提之眞義，令人藉此《心經密意》一舉而窺三乘菩提之堂奧，迥異諸方言不及義之說；欲求眞實佛智者、不可不讀！主文317頁，連同跋文及序文…等共384頁，售價300元。

宗門密意—公案拈提第七輯：佛教之世俗化，將導致學人以信仰作爲學佛，則將以感應及世間法之庇祐，作爲學佛之主要目標，不能了知學佛之主要目標爲親證三乘菩提。大乘菩提則以般若實相智慧爲主要修習目標，以二乘菩提解脫道爲附帶修習之標的；是故學習大乘法者，應以禪宗之證悟爲要務，能親入大乘菩提之實相般若智慧中故，般若實相智慧非二乘聖人所能知故。此書則以台灣世俗化佛教之三大法師，說法似是而非之實例，配合眞悟祖師之公案解析，提示證悟般若之關節，令學人易得悟入。平實導師著，全書五百餘頁，售價500元（2007年起，凡購買公案拈提第一輯至第七輯，每購一輯皆贈送本公司精製公案拈提〈超意境〉CD一片，市售價格280元，多購多贈）。

淨土聖道—兼評日本本願念佛：佛法甚深極廣，般若玄微，非諸二乘聖僧所能知之，一切凡夫更無論矣！所謂一切證量皆歸淨土是也！是故大乘法中「聖道之淨土、淨土之聖道」，其義甚深，難可了知；乃至眞悟之人，初心亦難知也。今有正德居士眞實證悟後，復能深探淨土與聖道之緊密關係，憐憫眾生之誤會淨土實義，亦欲利益廣大淨土行人同入聖道，同獲淨土中之聖道門要義，乃振奮心神、書以成文，今得刊行天下。主文279頁，連同序文等共301頁，總有十一萬六千餘字，正德老師著，成本價200元。

起信論講記：詳解大乘起信論**心生滅門**與**心眞如門**之眞實意旨，消除以往大師與學人對起信論所說**心生滅門**之誤解，由是而得了知眞心如來藏之非常非斷中道正理；亦因此一講解，令此論以往隱晦而被誤解之眞實義，得以如實顯示，令大乘佛菩提道之正理得以顯揚光大；初機學者亦可藉此正論所顯示之法義，對大乘法理生起正信，從此得以眞發菩提心，眞入大乘法中修學，世世常修菩薩正行。平實導師演述，共六輯，都已出版，每輯三百餘頁，優惠價各200元。

優婆塞戒經講記：本經詳述在家菩薩修學大乘佛法，應如何受持菩薩戒？對人間善行應如何看待？對三寶應如何護持？應如何正確地修集此世後世證法之福德？應如何修集後世「行菩薩道之資糧」？並詳述第一義諦之正義：五蘊非我非異我、自作自受、異作異受、不作不受……等深妙法義，乃是修學大乘佛法、行菩薩行之在家菩薩所應當了知者。出家菩薩今世或未來世登地已，捨報之後多數將如華嚴經中諸大菩薩，以在家菩薩身而修行菩薩行，故亦應以此經所述正理而修之，配合《楞伽經、解深密經、楞嚴經、華嚴經》等道次第正理，方得漸次成就佛道；故此經是一切大乘行者皆應證知之正法。平實導師講述，每輯三百餘頁，優惠價各200元；共八輯，已全部出版。

真假活佛—略論附佛外道盧勝彥之邪説：人人身中都有眞活佛，永生不滅而有大神用，但眾生都不了知，所以常被身外的西藏密宗假活佛籠罩欺瞞。本來就眞實存在的眞活佛，才是眞正的密宗無上密！諾那活佛因此而說禪宗是大密宗，但藏密的所有活佛都不知道、也不曾實證自身中的眞活佛。本書詳實宣示眞活佛的道理，舉證盧勝彥的「佛法」不是眞佛法，也顯示盧勝彥是假活佛，直接的闡釋第一義佛法見道的眞實正理。眞佛宗的所有上師與學人們，都應該詳細閱讀，包括盧勝彥個人在內。正犀居士著，優惠價140元。

阿含正義—唯識學探源：廣說四大部《阿含經》諸經中隱說之眞正義理，一一舉示佛陀本懷，令阿含時期初轉法輪根本經典之眞義，如實顯現於佛子眼前。並提示末法大師對於阿含眞義誤解之實例，一一比對之，證實唯識增上慧學確於原始佛法之阿含諸經中已隱覆密意而略說之，證實世尊確於原始佛法中已曾密意而說第八識如來藏之總相；亦證實世尊在四阿含中已說此藏識是名色十八界之因、之本—證明如來藏是能生萬法之根本心。佛子可據此修正以往受諸大師（譬如西藏密宗應成派中觀師：印順、昭慧、性廣、大願、達賴、宗喀巴、寂天、月稱、……等人）誤導之邪見，建立正見，**轉入正道乃至親證初果而無困難**；書中並詳說三果所證的**心解脫**，以及四果慧**解脫**的親證，都是如實可行的具體知見與行門。全書共七輯，已出版完畢。平實導師著，每輯三百餘頁，定價250元。

超意境ＣＤ：以平實導師公案拈提書中超越意境之頌詞，加上曲風優美的旋律，錄成令人嚮往的超意境歌曲，其中包括正覺發願文及平實導師親自譜成的黃梅調歌曲一首。詞曲雋永，殊堪翫味，可供學禪者吟詠，有助於見道。內附設計精美的彩色小冊，解說每一首詞的背景本事。每片280元。【每購買公案拈提書籍一冊，即贈送一片。】

我的菩提路：第一輯：凡夫及二乘聖人不能實證的佛菩提證悟，末法時代的今天仍然有人能得實證，由正覺同修會釋悟圓、釋善藏法師等二十餘位實證如來藏者所寫的見道報告，已為當代學人見證宗門正法之絲縷不絕，證明大乘義學的法脈仍然存在，為末法時代求悟般若之學人照耀出光明的坦途。由二十餘位大乘見道者所繕，敘述各種不同的學法、見道因緣與過程，參禪求悟者必讀。全書三百餘頁，售價200元。

鈍鳥與靈龜：鈍鳥及靈龜二物，被宗門證悟者說為二種人：前者是精修禪定而無智慧者，也是以定為禪的愚癡禪人；後者是或有禪定、或無禪定的宗門證悟者，凡已證悟者皆是靈龜。但後來被人虛造事實，用以嘲笑大慧宗杲禪師，說他雖是靈龜，卻不免被天童禪師預記「患背」痛苦而亡：「鈍鳥離巢易，靈龜脫殼難。」藉以貶低大慧宗杲的證量。同時將天童禪師實證如來藏的證量，曲解為意識境界的離念靈知。自從大慧禪師入滅以後，錯悟凡夫對他的不實毀謗就一直存在著，不曾止息，並且捏造的假事實也隨著年月的增加而越來越多，終至編成「鈍鳥與靈龜」的假公案、假故事。本書是考證大慧與天童之間的不朽情誼，顯現這件假公案的虛妄不實；更見大慧宗杲面對惡勢力時的正直不阿，亦顯示大慧對天童禪師的至情深義，將使後人對大慧宗杲的誣謗至此而止，不再有人誤犯毀謗賢聖的惡業。書中亦舉證宗門的所悟確以第八識如來藏為標的，詳讀之後必可改正以前被錯悟大師誤導的參禪知見，日後必定有助於實證禪宗的開悟境界，得階大乘真見道位中，即是實證般若之賢聖。全書459頁，僅售250元。

維摩詰經講記：本經係世尊在世時，由等覺菩薩維摩詰居士藉疾病而演說之大乘菩提無上妙義，所說函蓋甚廣，然極簡略，是故今時諸方大師與學人讀之悉皆錯解，何況能知其中隱含之深妙正義，是故普遍無法為人解說；若強為人說，則成依文解義而有諸多過失。今由平實導師公開宣講之後，詳實解釋其中密意，令維摩詰菩薩所說大乘不可思議解脫之深妙正法得以正確宣流於人間，利益當代學人及與諸方大師。書中詳實演述大乘佛法深妙不共二乘之智慧境界，顯示諸法之中絕待之實相境界，建立大乘菩薩妙道於永遠不敗不壞之地，以此成就護法偉功，欲冀永利娑婆人天。已經宣講圓滿整理成書流通，以利諸方大師及諸學人。全書共六輯，每輯三百餘頁，優惠價各200元。

國家圖書館出版品預行編目(CIP)資料

喇嘛性世界：揭開藏傳佛教譚崔瑜伽的面紗 / 張
善思，呂艾倫編輯. -- 初版. -- 臺北市：正
智，2011.07
　　　面；　公分
　　ISBN 978-986-6431-18-0(平裝)

1.藏傳佛教 2.社會倫理 3.文集

226.9607　　　　　　　　　　　　100013387

喇嘛性世界
——揭開藏傳佛教譚崔瑜伽的面紗

編　　者：張善思、呂艾倫

出 版 者：正智出版社有限公司

地　　址：10367 台北市承德路三段 267 號 10 樓

電　　話：+886-2-25957295 ext.10-21
　　　　　（請於夜間共修時間聯繫）

傳　　眞：+886-2-25954493

定　　價：新臺幣貳佰元

版次日期：初版首刷 2011 年 7 月 一萬冊
　　　　　初版六刷 2011 年 10 月中 一萬冊